GREEN LIVING

SUSTAINABLE HOUSES I DES MAISONS ÉCOLOGIQUEMENT DURABLES
UMWELTVERTRÄGLICHE HÄUSER I DUURZAME WONINGEN

© 2009 **booQs** publishers bvba
Godefriduskaai 22
2000 Antwerp
Belgium
Tel.: 00 32 3 226 66 73
Fax: 00 32 3 226 53 65
www.booqs.be
info@booqs.be

ISBN: 978-94-60650-08-6
WD: D/2009/11978/009
(0009)

Editor & texts: Àlex Sánchez Vidiella
Art direction: Mireia Casanovas Soley
Design and layout coordination:
Claudia Martínez Alonso
Layout: Yolanda G. Román
Translation: Cillero & de Motta
Cover Photo: Luis Ferreira Alves

Editorial project:
LOFT publications
Via Laietana, 32, 4.º, of. 92
08003 Barcelona, Spain
Tel.: +34 932 688 088
Fax: +34 932 687 073
loft@loftpublications.com
www.loftpublications.com

Printed in China

GREEN LIVING

SUSTAINABLE HOUSES I DES MAISONS ÉCOLOGIQUEMENT DURABLES
UMWELTVERTRÄGLICHE HÄUSER I DUURZAME WONINGEN

Abuse of the environment and outdated building systems applied uncontrollably in domestic architecture have generated a negative public image. This has, however, led architects to contribute new ideas, concepts and technologies in an effort to solve this universal problem.

The home, a comfortable place created to give us shelter, is our most important living area. It therefore needs to offer us safety, protection and, at the same time, respect for the environment. It should also be somewhere where we can express our own individual tastes.

Present-day architecture has to find and establish a balance between the potential impacts it generates and preserving the environment. This has become possible through the application of traditional building methods, which is leading to an increasing number of owners choosing to build environmentally-friendly houses. The wide range of natural building materials, energy saving techniques, reduced environmental pollution, photovoltaic solar installations, and heat exchangers are just some examples of the new technologies being applied to construction.

This book presents a selection of different projects and prototypes offering "green solutions" for architects, homeowners, and devotees of sustainable architecture. Most of the buildings are bioclimatic, economical and sustainable, and were erected using locally-sourced and recycled materials. All of the projects, developed over the last ten years, are a combination of building technique, a specific decorative style, and a relationship with the environment and ecology. *Green Living* is an obvious example of how sustainable architecture does not have to be incompatible with style or luxury.

Un manque de considération pour l'environnement et des pro-
cédés de construction dépassés, utilisés de manière effrénée
sont à l'origine de la mauvaise perception dont fait l'objet l'architecture domestique.

Cependant, cette situation a poussé les architectes à trouver
de nouvelles idées, de nouveaux concepts et de nouvelles technologies pour remédier à ce problème universel.

La maison, un lieu confortable conçu pour nous abriter, est no-
tre principal espace de vie, elle doit donc nous fournir sécurité,
protection et en même temps, le respect de l'environnement.
On doit aussi pouvoir y exprimer nos goûts.

L'architecture actuelle doit rechercher et établir l'équilibre entre
les éventuels impacts qu'elle peut générer et la préservation
d'un environnement intact. Tout cela est possible grâce à l'application de méthodes de construction traditionnelles qui pous-
sent un nombre croissant de propriétaires à bâtir des maisons

écologiques. La grande variété des matériaux de construction naturels, l'économie d'énergie, la réduction de la pollution de l'environnement, les installations photovoltaïques, les échangeurs de chaleur, etc., sont quelques exemples des nouvelles technologies appliquées à la construction.

Ce livre présente une sélection de projets variés et de prototypes qui apportent des « solutions vertes » aux architectes, aux propriétaires et aux amoureux de l'architecture durable. La plupart des constructions sont des espaces bioclimatiques, abordables et durables, construits avec des matériaux locaux et recyclés. Tous les projets qui datent de ces dix dernières années, réunissent une technique de construction, une esthétique particulière, un rapport privilégié à l'environnement et à l'écologie. *Green Living* illustre précisément comment l'architecture durable peut aussi être compatible avec l'esthétique et le luxe.

Die Schädigung der Umwelt und die bei der Errichtung von Privat-
gebäuden vollkommen unkontrolliert eingesetzten veralteten
Bauweisen haben in der Öffentlichkeit ein sehr negatives Bild
entstehen lassen. Diese Tatsache hat jedoch dazu geführt, dass
die Architekten neue Ideen, Konzepte und Technologien entwi-
ckelten, um dieses weltweit bestehende Problem zu lösen.
Das Haus – ein komfortabler Ort, den wir als Unterschlupf nutzen – ist unser wichtigster Lebensraum und muss uns daher
Sicherheit und Schutz bieten sowie gleichzeitig die Umwelt
schonen. Außerdem sollte ein jeder sein Haus nach seinen per-
sönlichen Vorlieben gestalten.
Die Architektur von heute muss das Gleichgewicht zwischen
ihren möglichen Auswirkungen und der Erhaltung der Umwelt
anstreben und herstellen. Möglich wird all dies dank der An-
wendung traditioneller Bauweisen, die immer mehr Bauherren
dazu bringen, Ökohäuser zu errichten. Die große Vielfalt an na-

türlichen Baumaterialien, die Energieersparnis, verringerte Umweltverschmutzung, Photovoltaikanlagen, Wärmetauscher usw. sind einige Beispiele für die neuen Technologien, die im Bauwesen eingesetzt werden.

Das vorliegende Buch präsentiert eine Auswahl an unterschiedlichen Bauprojekten und Prototypen, die Architekten, Eigentümern und Fans des nachhaltigen Hausbaus „grüne Lösungen" bieten. Bei der Mehrzahl der Gebäude handelt es sich um günstige und nachhaltige Klimahäuser, für deren Bau lokale und recycelte Materialien verwendet wurden. Alle Projekte stammen aus den letzten zehn Jahren und stehen für eine besondere Bauweise, eine außergewöhnliche Ästhetik, eine enge Beziehung zur Umgebung sowie für Umweltschutz. *Green Living* ist ein deutliches Beispiel dafür, dass nachhaltige Architektur weder mit Ästhetik noch mit Luxus im Widerspruch steht.

De belasting van het milieu en de verouderde bouwsystemen die op ongecontroleerde wijze in de woonarchitectuur zijn toegepast hebben een slecht beeld bij het publiek voortgebracht. Dit feit heeft ertoe geleid dat architecten nieuwe ideeën, concepten en technologieën aandragen om dit universele probleem op te lossen.

De woning, een comfortabele plek, bedoeld om ons onderdak te verlenen, is onze belangrijkste leefruimte. Vandaar dat deze plek ons veiligheid en bescherming moet verschaffen en tegelijkertijd milieuvriendelijk moet zijn. Het moet bovendien een ruimte zijn waar we vorm kunnen geven aan onze ideeën en smaak.

De huidige architectuur moet op zoek gaan naar een evenwicht tussen de mogelijke gevolgen die zij op de omgeving heeft en het intact houden van het milieu. Dit alles is mogelijk dankzij de toepassing van traditionele bouwmethoden die steeds meer eigenaars ertoe aanzetten om milieuvriendelijke huizen te laten bouwen. Het uitgebreide aanbod van natuurlijke bouwmaterialen, de energiebesparing, de vermindering van de milieuvervuiling, de zonne-energievoorzieningen, de warmtewisselaars, enz. zijn een aantal voorbeelden van de nieuwe technologieën die in de bouw worden toegepast.

Dit boek toont een selectie van gevarieerde projecten en prototypes die "groene oplossingen" bieden voor architecten, huiseigenaars en liefhebbers van duurzame architectuur. De meeste gebouwen zijn bioklimatologische, goedkope en duurzame ruimten die zijn gebouwd met lokale en gerecyclede materialen. Alle projecten dateren uit de afgelopen tien jaar en hebben een bouwtechniek, een bijzondere vormgeving, een relatie met de omgeving en een milieubewuste instelling met elkaar gemeen. *Green Living* is een duidelijk voorbeeld van hoe duurzame architectuur gepaard kan gaan met esthetische vormgeving en luxe.

A House in the Garden

Kromeriz, Czech Republic

This house is located in a semi-rural garden in the old town center of Kromeriz in the Czech Republic. Its small size, barely 808 ft², makes it a long compact structure that is open to the garden through floor-to-ceiling windows and the porch.

Das Haus befindet sich in einem halbländlichen Garten im historischen Zentrum von Kromeriz (Tschechische Republik). Seine kleinen Dimensionen von kaum 75 m² machen aus ihm eine kompakte, durch eine Längsachse abgeschlossene Struktur, die sich zum Garten hin durch Fenster und ein Portal öffnet.

La maison se trouve dans un jardin semi-rural dans le centre ville de Kromeriz (République Tchèque). Ses dimensions réduites, à peine 75 m², en font une structure compacte qui se ferme en longueur sur son axe horizontal et donne sur le jardin grâce à ses fenêtres et à son porche.

Het huis staat in een landelijke tuin in het historische centrum van Kromeriz (Tsjechië). Door de beperkte afmetingen van nauwelijks 75 m² heeft het huis een compacte constructie die zijn as in de lengte afsluit en uitkijkt op de tuin via de ramen en veranda.

 Archteam
www.archteam.cz
© Ester Havlova

 Wood, titanium, corrugated iron, and glass / Bois, titane, tôle ondulée et verre / Holz, Titan, geriffeltes Eisen und Glas / Hout, titanium, gegolfd ijzer en glas

 Minimized environmental impact, energy saving, thermal energy, and low energy consumption / Impact environnemental réduit, économie d'énergie, énergie thermique et faible consommation d'énergie / Minimale Umweltauswirkung, Energieersparnis, thermische Sonnenenergie und niedriger Energieverbrauch / Minimale impact op het milieu, energiebesparing, warmte-energie en laag energieverbruik

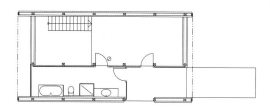

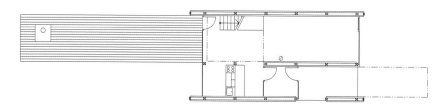

Floor plans

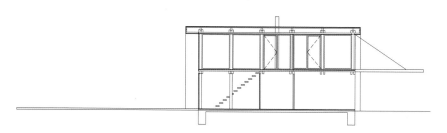

Elevation

The house is laid out over two floors with a glass-encased balcony on the upper level reached by an original staircase with cantilevered treads.

La maison comporte deux étages et une galerie dans la partie supérieure, accessible au moyen d'un curieux escalier aux marches flottantes.

Das Haus gliedert sich in zwei Geschosse und eine zusätzliche Galerie im oberen Teil, auf den man über eine originelle Treppe mit vorspringenden Stufen gelangt.

Het huis bestaat uit twee verdiepingen en een extra galerij in het bovenste deel, waartoe men toegang heeft via een originele trap met uitspringende treden.

Box House

Tathra, Australia

This project involved a simple square floor plan with dimensions of 212 ft³. The result is a wooden cube, a shape chosen for its efficiency and potential to combine with the landscape.

Dieses Projekt erhebt sich über ein einziges rechteckiges Geschoß, dessen Maße 6 x 6 x 6 Meter sind. Das Ergebnis ist ein Holzwürfel: eine Form, die aufgrund ihrer Effizienz und Wirkung als Gegenstand inmitten der Landschaft ausgewählt wurde.

Ce projet s'étend de plain-pied sur une surface rectangulaire dont les dimensions sont 6 × 6 × 6 m. On obtient un cube en bois, une forme choisie pour son efficience et son potentiel en tant qu'objet situé au cœur du paysage.

Dit project bestaat uit een eenvoudig vierkant grondplan 6x6x6 m. Het resultaat is een houten kubus, een vorm die is gekozen vanwege zijn efficiëntie en zijn potentieel als voorwerp te midden van het landschap.

 Nicholas Murcutt/Neeson Murcutt Architects
www.neesonmurcutt.com
© Brett Boardman

 Wood and glass / Bois et verre / Holz und glas / Hout en glas

 Minimized environmental impact, maximum use of natural light, and energy saving / Impact environnemental réduit, utilisation optimale de la lumière naturelle et économie d'énergie / Minimale Umweltauswirkung, maximale Ausnutzung des Tageslichts und Energieersparnis / Minimale impact op het milieu, maximale benutting van natuurlijk licht en laag energieverbruik

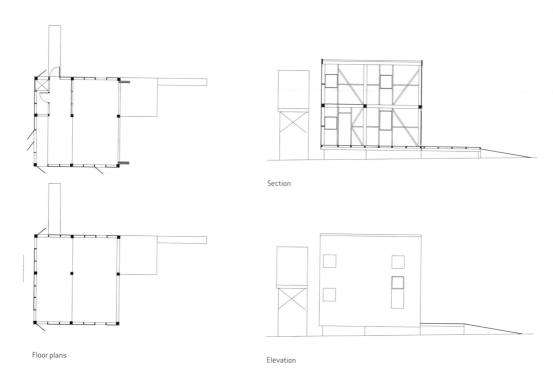

Section

Floor plans

Elevation

The building resembles a farmhouse and features a number of wooden squares that act like windows to leave the box partly open.

La structure de la maison rappelle celle d'une renier de ferme et présente des battants en bois qui font office de fenêtres, laissant la maison à demi-ouverte.

Die Struktur erinnert an einen ländlichen Getreidespeicher und weist einige Holzplättchen auf, die als Fenster dienen und den Kasten halb geöffnet lassen.

De structuur doet denken aan een graanschuur en is voorzien van een stel vierkante houten vleugels die fungeren als ramen waardoor de kubus halfopen is.

Hill House

Widling, Austria

The unique features of a sloping, terraced site, a limited budget, and the mix of traditional materials with modern building techniques are the most outstanding aspects of this single-family home.

Die Eigenheiten eines stufenförmig von einem Abhang abfallenden Geländes, ein begrenzter Etat und die Verbindung traditioneller Materialien mit modernen Konstruktionstechniken sind wohl die am meisten hervorzuhebenden Aspekte dieses Einfamilienhauses.

Les particularités d'un terrain escarpé, un budget limité et la combinaison de matériaux traditionnels avec des techniques de construction modernes constituent les éléments distinctifs de cette maison individuelle.

De bijzondere eigenschappen van het terrasvormige terrein, een beperkt budget en de combinatie van traditionele materialen met moderne bouwtechnieken zijn de opvallendste kenmerken van deze eengezinswoning.

Sintax Architecture
www.syntax-architektur-at
© Klaus Pichler/Sintax Architecture

Cement, KLH wood, glass, stone, and plaster / Ciment, bois klh, verre, pierre et plâtre / Zement, Sperrholz, Glas und Gips / Cement, kruislaaghout, glas, steen en gips

Construction waste minimized, minimized environmental impact, and natural materials / Réduction des déchets de construction, impact environnemental réduit et matériaux naturels / Auf ein Minimum reduzierter Bauabfall, minimale Umweltauswirkung und natürliche Materialien / Minimale bouwafval, minimale impact op het milieu en natuurlijke materialen

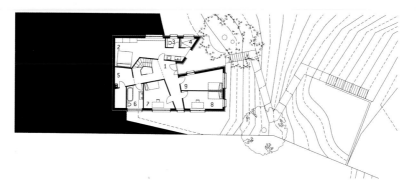

Ground floor plan

1. Hall
2. Bedroom and
   bathroom
3. Bathroom
4. Shower
5. Wardrobe
6. Bathroom
7. Bedroom
8. Bedroom
9. Bedroom

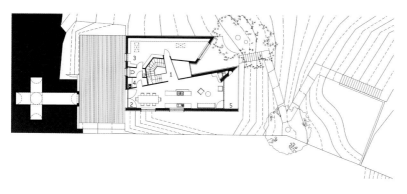

First floor plan

1. Corridor
2. Living room
3. Library
4. Storage
5. Terrace

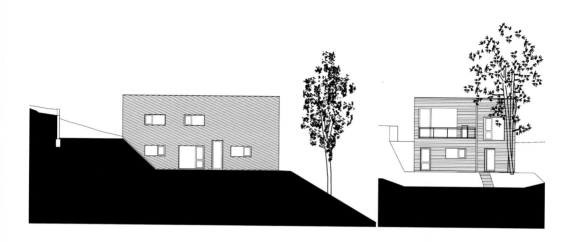

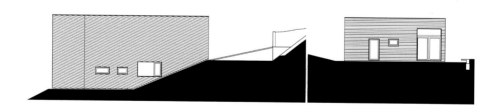

Elevations

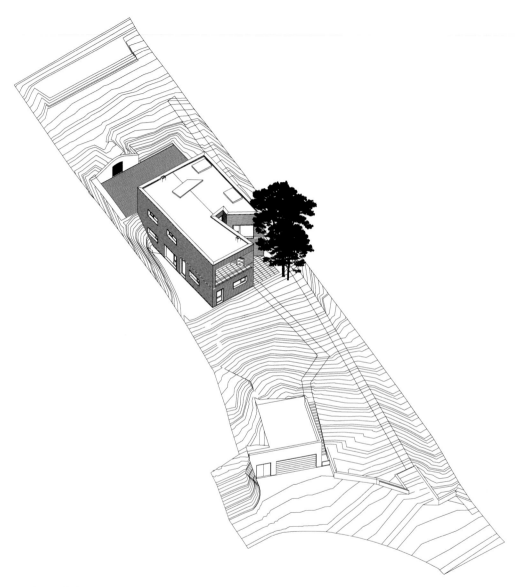

Axonometric plan

Untreated wood was used in walls, the roof, the windows, and wall and floor coverings. The house was designed to meet Austrian low-energy use standards.

Das unbehandelte Holz wurde für die Wände, das Dach, die Fenster und die Verkleidungen verwendet. Das Haus wurde gemäß den österreichischen Standards für niedrigen Energieverbrauch entworfen.

Le bois non traité a été utilisé pour les murs, le toit, les fenêtres et les revêtements. La maison a été conçue selon les standards autrichiens de basse consommation énergétique.

Voor de wanden, het dak, de ramen en de bekledingen is onbehandeld hout gebruikt. Het huis is ontworpen volgens de Oostenrijkse normen voor laag energieverbruik.

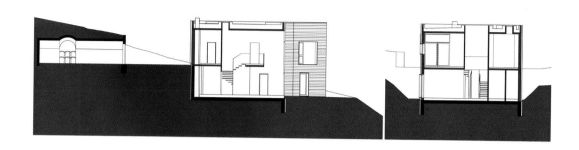

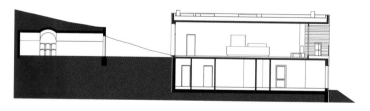

Sections

Watershed

Wren, Oregon, USA

This studio-workshop is located in a rural community visited by many birds. The design was for a studio where the client could write in peace and watch the birds. The building was positioned on the site with as little impact as possible.

Dieses Studio/Werkstatt befindet sich in einer ländlichen Gemeinde, die von vielen Vögeln aufgesucht wird. Der Kunde suchte ein Studio, wo er in Ruhe schreiben und die Vögel beobachten kann. Das Einfügen des umbauten Raums am Standort wurde mit der kleinstmöglichen Auswirkung auf die Umgebung vorgenommen.

Ce bureau-atelier est situé dans une localité rurale peuplée de nombreux oiseaux. Le client voulait un bureau pour écrire au calme, depuis lequel il puisse apercevoir les oiseaux. On a veillé à ce que l'implantation du volume sur le terrain est le moins d'impact possible sur l'environnement.

Deze werkruimte bevindt zich in een door vele vogels frequent bezochte plattelandsgemeenschap. De klant wou een werkruimte waar hij in alle rust kon schrijven en vogels observeren. Bij de plaatsing van de constructie werd een minimale impact beoogd.

 Erin Moore
www.floatarch.com
© J. Gary Tarleton

 Steel, red cedar wood, polycarbonate, and glass / Acier, bois de cèdre rouge, polycarbonate et verre / Stahl, rotes Zedernholz, Polykarbonat und Glas / Staal, rood cederhout, polycarbonaat en glas

 Energy saving, zero CO_2 emissions, full use of sunlight, independent of power grid / Economie d'énergie, zéro émissions de CO_2, utilisation optimale de la lumière du soleil, indépendance vis-à-vis du réseau énergétique / Energieersparnis, kein CO_2-Ausstoß, maximale vom Stromnetz unabhängige Ausnutzung des Tageslichts und Sammlung des Regenwassers / Energiebesparing, vrij van CO_2-emissies, maximale benutting van natuurlijk licht, onafhankelijk van het elektriciteitsnet

There are numerous wide openings in the structure that offer views with which to contemplate the birds or to stimulate writing.

Das Gebäude verfügt über zahlreiche Sicht-öffnungen, die die Beobachtung der Vögel ermöglichen oder zum Schreiben anregen.

La construction dispose de nombreuses ouvertures panoramiques qui permettent d'observer les oiseaux ou de stimuler l'écriture.

Het gebouw beschikt over talrijke panoramische openingen waardoor vogels waargenomen kunnen worden en die een stimulerende werking op het schrijven hebben.

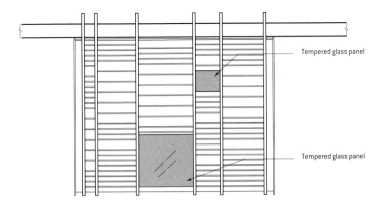

Tempered glass panel

Tempered glass panel

West elevation

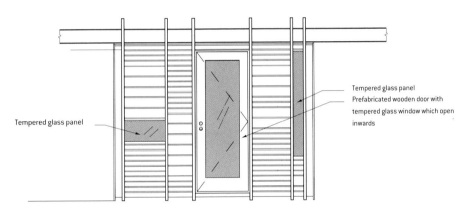

Tempered glass panel

Tempered glass panel
Prefabricated wooden door with
tempered glass window which open
inwards

East elevation

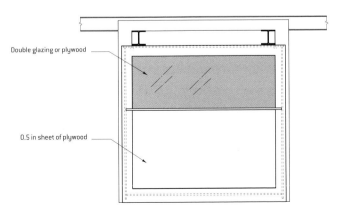

Double glazing or plywood

0.5 in sheet of plywood

North elevation

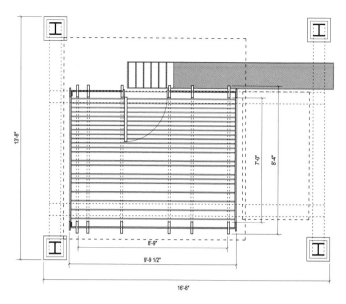

13'-8"

7'-0"

8'-4"

8'-9"

9'-9 1/2"

16'-8"

Plan

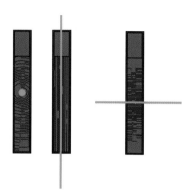

Points where water falls

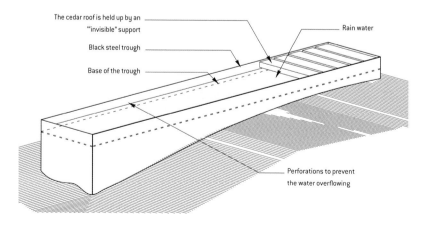

The cedar roof is held up by an "'invisible" support

Rain water

Black steel trough

Base of the trough

Perforations to prevent the water overflowing

Trough for collecting water

House of Steel and Wood

Ranón, Asturias, Spain

This dwelling is a contemporary version of vernacular architecture (raised granary and glass-enclosed balconies, and use of wood in frames and outer walls). The building is anchored to the site with four-point foundations in order to respect the site.

Diese Wohnung ist eine umfassende zeitgemäße Anpassung der Vorbilder der lokalen Bauweise (mit Kornboden und verglaster Galerie, Verwendung von Holz für die Struktur und die Außenwände). Das Gebäude ist an nur vier Stellen im Gelände verankert und nimmt auf diese Weise Rücksicht auf seinen Standort.

Cette habitation revisite de manière contemporaine les modèles d'architecture vernaculaire (grenier et galerie vitrée, utilisation du bois pour la structure et les ouvertures). La construction est fixée au terrain en seulement quatre endroits, afin de respecter la parcelle.

Deze woning is een volledige hedendaagse herziening van de volkse architectuur (graanschuur en beglaasde galerij, gebruik van hout in de structuur en afsluiting). Het gebouw is slechts op vier punten verankerd in het terrein zodat de lokatie wordt gerespecteerd.

 Ecosistema Urbano Arquitectos
www.ecosistemaurbano.org
© Emilio P. Doiztua

 Wood, glass, and steel / Bois, verre et acier / Holz, Glas und Stahl / Hout, glas en staal

 Energy saving, minimized environmental impact, bio-climatic design, and recycled materials / Economie d'énergie, impact environnemental réduit, conception bioclimatique et matériaux recyclés / Energieersparnis, minimale Umweltauswirkung, bioklimatisches Design und wiederverwertete Materialen / Energiebesparing, minimale impact op het milieu, bioklimatologisch ontwerp en gerecyclede materialen

The volume of the structure is a prism that has been deformed by shifting the vertex to the southeast, enabling more sunlight to penetrate the interior.

Le volume est formé par un prisme que l'on peut déformer en orientant le sommet sud-ouest, ce qui permet un meilleur ensoleillement de l'intérieur.

Die Konstruktion wird durch ein Prisma gebildet, das sich durch die Verschiebung der südöstlichen Spitze verformt, was eine bessere Sonneneinstrahlung ins Innere ermöglicht.

Het huis wordt gevormd door een prisma dat vervormd werd door de zuidwestelijke vertex te verplaatsen, waardoor het interieur beter door de zon verlicht wordt.

Longitudinal elevation

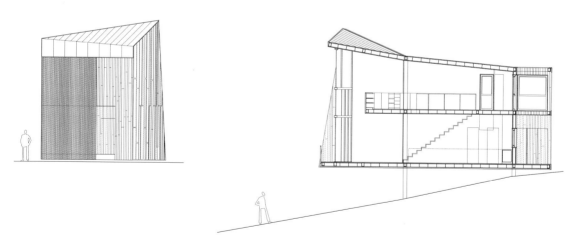

Cross elevation

Longitudinal section

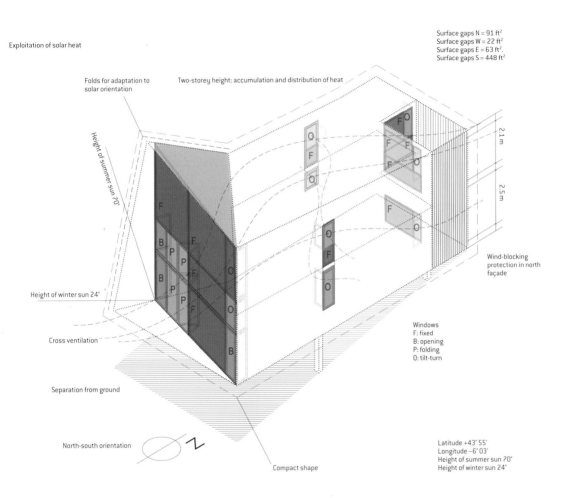

Exploitation of solar heat

Surface gaps N = 91 ft²
Surface gaps W = 22 ft²
Surface gaps E = 63 ft².
Surface gaps S = 448 ft²

Folds for adaptation to solar orientation

Two-storey height: accumulation and distribution of heat

Height of summer sun 70°

2.1 m

2.5 m

Height of winter sun 24°

Wind-blocking protection in north façade

Cross ventilation

Separation from ground

Windows
F: fixed
B: opening
P: folding
O: tilt-turn

North-south orientation

N

Compact shape

Latitude +43° 55'
Longitude −6° 03'
Height of summer sun 70°
Height of winter sun 24°

Bio-climatic diagram

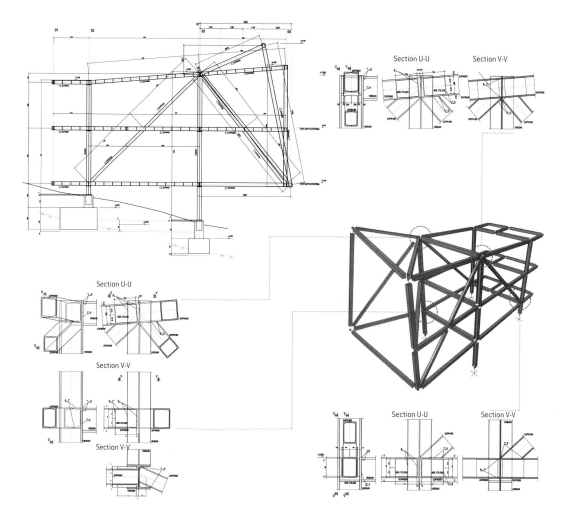

Section U-U

Section V-V

Section U-U

Section V-V

Section U-U

Section V-V

Structure in detail

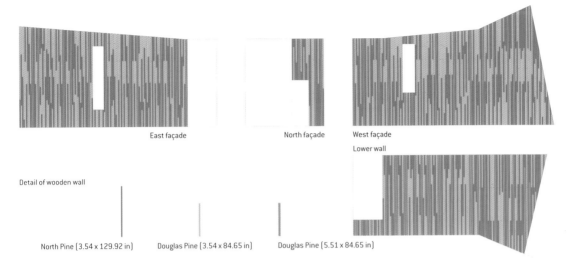

East façade

North façade

West façade

Lower wall

Detail of wooden wall

North Pine (3.54 x 129.92 in)

Douglas Pine (3.54 x 84.65 in)

Douglas Pine (5.51 x 84.65 in)

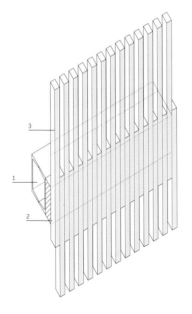

Detail of shuttered wall

1. Main structure. Profiles of laminated steel 2UPN200, in pairs, creating drawer. Epoxidic imprimation of 60 μm. Finished layer 40 μm

2. Wooden sleeper. 204.72 in North Pine. Weather treated. Attached to the main metal structure with screws

3. Wooden shutter. 1.20 in separation 1.18 in. Screwed to wooden sleeper

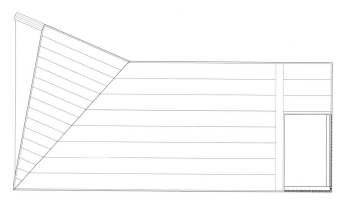

Roof plan

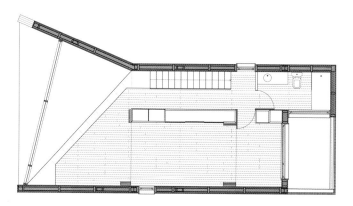

Second floor plan

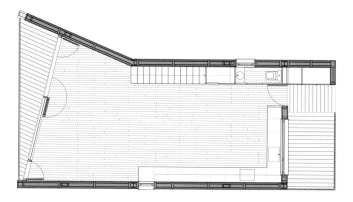

First floor plan

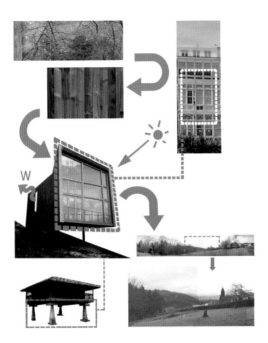

Ideogram

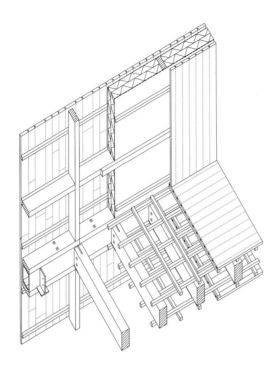

Detail of wall and slab

Between Alder and Oak

Bad Rothyenfelde, Germany

Built for a family with grown-up children and located near Osnabrück, this wooden tree house offers its residents a space for rest and relaxation. One of the compartments can be made up for guests.

Für eine Familie mit erwachsenen Kindern in der Nähe von Osnabrück gebaut, bietet diese Holzhütte ihren Bewohnern einen Raum zur Ruhe und Entspannung mit der Möglichkeit, einen der Räume für Gäste herzurichten.

Construite pour une famille avec des enfants déjà adultes, et située près d'Osnabrück, cette cabane en bois offre à ses occupants un espace de détente et de relaxation, et offre la possibilité d'adapter l'un de ses volumes pour les invités.

Deze houten hut, die dichtbij Osnabrück werd gebouwd voor een gezin met volwassen kinderen, biedt zijn bewoners een ruimte om uit te rusten en te ontspannen. Het is mogelijk om één van de vertrekken als gastenkamer in te richten.

Andreas Wenning/Baumraum
www.baumraum.de
© Alasdair Jardine

Oak wood, glass, concrete, and aluminum / Bois de chêne, verre, béton et aluminium / Eichenholz, Glas, Beton und Aluminium / Eikenhout, glas, beton en aluminium

Minimized environmental impact, natural materials, easy dismantling, and recyclable materials / Impact environnemental réduit, matériaux naturels, désassemblage facile et matériaux recyclables / Minimale Umweltauswirkung, natürliche Materialien, leicht zu demontieren und wiederaufbereitete Materialien / Minimale impact op het milieu, natuurlijke materialen, gemakkelijk te demonteren en gerecyclede materialen

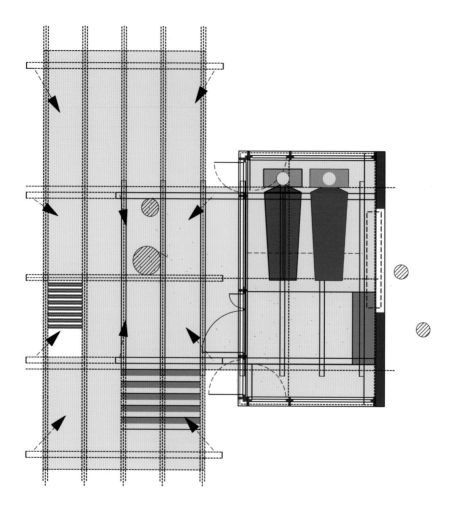

Terrace floor plan

The oak tree can only partly support the load of the wooden structure so the architect added two upright supports on concrete foundations.

La solidité du chêne ne peut soutenir qu'en partie le poids du bois, c'est pourquoi l'architecte a placé deux supports sur la fondation en béton.

Die Festigkeit der Eiche hält nur teilweise die Last des Holzes aus. Deshalb hat der Architekt zwei Stützen über einem Betonfundament errichtet.

De weerstand van de eikenboom kan slechts gedeeltelijk de belasting van de houten constructie dragen. Daarom heeft de architect twee extra steunen op een betonnen fundering aangebracht.

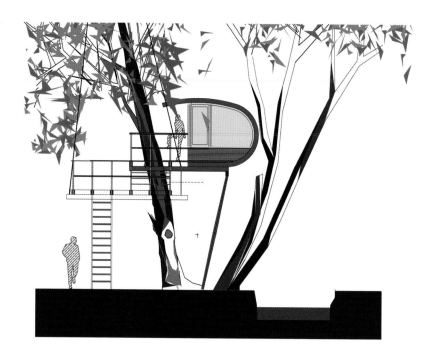

Cross elevation

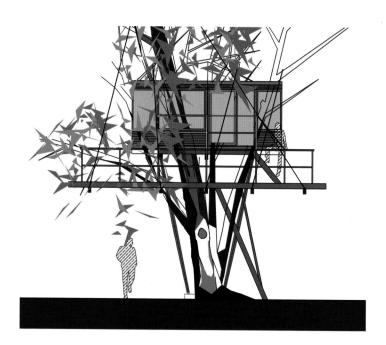

Longitudinal elevation

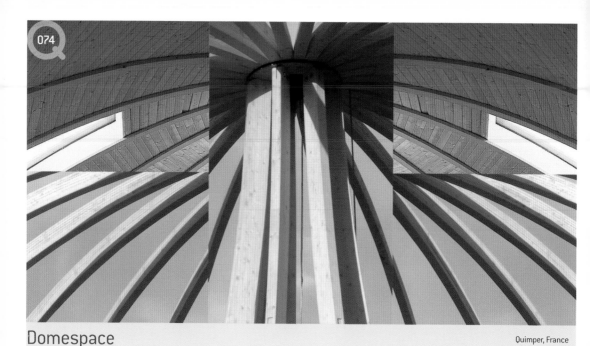

Domespace

Quimper, France

This circular wooden house is presently used as a home/showroom. Its creator was initially inspired by the sacred architecture found in cathedrals and pyramids. Its main feature is its ability to rotate in order to follow the sun.

Gegenwärtig wird dieses aus Holz konstruierte Rundhaus als Vorführ-Wohnung genutzt. Sein Designer ließ sich zu Beginn von der sakralen Bauweise inspirieren, die Kathedralen und Pyramiden eigen ist. Das Hauptmerkmal dieser Wohnung ist ihre Fähigkeit, sich mit der Sonne zu drehen.

Cette maison circulaire en bois est actuellement utilisée comme habitation-salle d'exposition. À l'origine, son créateur s'est inspiré de l'architecture sacrée propre aux cathédrales et aux pyramides. Sa principale particularité c'est sa capacité à pivoter pour suivre la course du soleil.

Tegenwoordig wordt dit ronde houten huis gebruikt als woning-showroom. Het schepper ervan werd aanvankelijk geïnspireerd door de heilige architectuur van kathedralen en piramides. De voornaamste kenmerk is de capaciteit om met de zonnebaan mee rond te draaien.

Patrick Marsilli
www.domespace.com
© Benjamin Thoby

Wood, cork, and glass / Bois, liège et verre / Holz, Kork und Glas / Hout, kurk en glas

Passive solar energy, cross ventilation, automatic orientation, geo-biological design, and natural materials / Energie solaire passive, ventilation croisée, orientation automatique, conception géobiologique et matériaux naturels / Passive Sonnenenergie, Querlüftung, automatische Orientierung, geobiologisches Design und natürliche Materialien / Passieve zonne-energie, kruisventilatie, automatische oriëntatie, geobiologisch ontwerp en natuurlijke materialen

Other features of Domespace are its resistance to hurricanes and earthquakes, and the availability of models in different sizes ranging from 475 to 2.150 ft^2.

Weitere Merkmale des Domespace sind seine Beständigkeit gegen Zyklone und Erdbeben und die Verfügbarkeit von Modellen verschiedener Größe, von 44 bis zu 200 m^2.

D'autres caractéristiques de la Domespace sont sa résistance aux cyclones et aux séismes et la disponibilité de ses modèles en différentes dimensions allant de 44 à 200 m^2.

Andere eigenschappen van de Domespace zijn de weerstand tegen cyclonen en aardbevingen en de beschikbaarheid van modellen met diverse afmetingen van 44 tot 200 m^2.

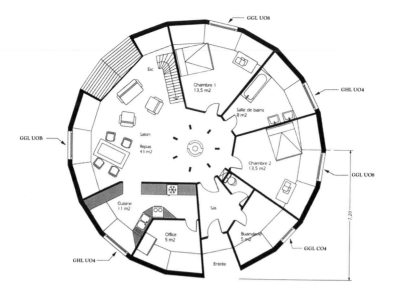

Ground floor plan

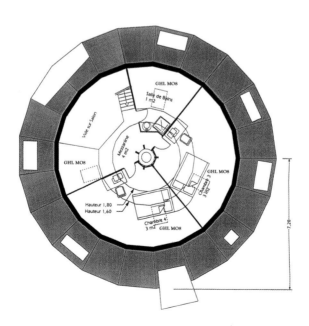

First floor plan

Zenzmaier House

Kuchl, Austria

This series of dwellings houses three generations of the same family: the parents live in the old house, the children and grandchildren share a space designed as a minimalist studio apartment plus a new house. The simple and well-proportioned frame is held up by metal pillars.

In diesem Ensemble von Wohnungen leben drei Generationen zusammen: Die Eltern wohnen in dem alten Haus, die Kinder und die Enkel teilen sich ein Studio, das als kleines minimalistisches Apartment gestaltet wurde, und eine neue Wohnung. Deren einfache und wohl proportionierte Struktur stützt sich auf Metallpfeiler.

Trois générations cohabitent dans cet ensemble d'habitations : les parents occupent l'ancienne maison, et les enfants et petits-enfants partagent un studio conçu comme un petit appartement minimaliste ainsi qu'une nouvelle habitation. Sa structure simple et bien proportionnée est soutenue par des piliers métalliques.

In dit woningencomplex wonen drie generaties samen: de ouders wonen in het oude huis, de kinderen en kleinkinderen wonen verdeeld over een studio die als klein minimalistisch appartement is ontworpen en een nieuwe woning. De eenvoudige en evenredige structuur steunt op metalen zuilen.

 Maria Flöckner und Hermann Schnöll
www.floecknerschnoell.com
© Stefan Zenzmaier

 Wood, metal, and glass / Bois, métal et verre / Holz, Metall und Glas / Hout, metaal en glas

 Minimized environmental impact, passive solar energy, and maximum use of natural light / Impact environnemental réduit, énergie solaire passive, utilisation optimale de la lumière naturelle / Minimale Umweltauswirkung, passive Sonnenenergie und maximale Ausnutzung des Tageslichts / Minimale impact op het milieu, passieve zonne-energie en maximale benutting van natuurlijk licht

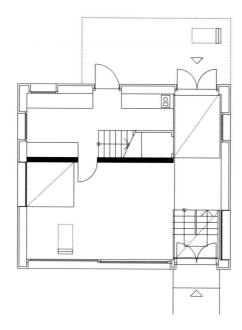

Floor plan

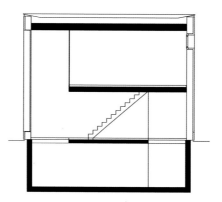

Section

The exterior features large prefabricated wooden panels to avoid cluttering the façade. The materials were chosen and utilized intelligently.

Außen wurden vorgefertigte großformatige Holzplatten verwendet, um Schwierigkeiten mit der Fassade zu vermeiden. Die Materialien wurden auf intelligente Weise ausgewählt und eingesetzt.

À l'extérieur, de grandes planches en bois aggloméré ont été utilisées pour unifier la façade. Les matériaux ont été sélectionnés et utilisés de manière intelligente.

Buitenshuis werden grote prefab houtplaten gebruikt om complicaties in de gevel te vermijden. De materialen werden op intelligente wijze gekozen en gebruikt.

Holiday Home Seewald

Zwischenwasser, Austria

This small structure of simple lines was designed to be a family's vacation home. No element stands between nature and the house, in response to a desire to make it a place for observation, which led to four large floor-to-ceiling windows being installed.

Dieser kleine, von einfachen Linien bestimmte Bau wurde als Sommer-Refugium für eine Familie konzipiert. Kein Element tritt zwischen die Natur und das Haus, damit dem Wunsch nach Beobachtungen nachgekommen werden kann, der auch der Grund für den Einbau von vier großen Fenstern war.

Cette petite construction aux lignes simples a été conçue comme un refuge de vacances pour une famille. Aucun élément ne vient s'interposer entre la nature et la maison. La pose de quatre grandes fenêtres répond au souhait de pouvoir profiter de la vue.

Deze kleine constructie met eenvoudige lijnen werd ontworpen als vakantiehuis voor een gezin. Als antwoord op de wens de natuur te kunnen observeren staat geen enkel element tussen de natuur en het huis in. Daarom werden vier grote ramen in het ontwerp opgenomen.

Marte. Marte Architekten
www.marte-marte.com
© Ignacio Martínez

Wood, glass, sheet and concrete / Bois, verre, papier et béton / Holz, Glas, Platten und Beton / Hout, glas, platen en staal

Minimized environmental impact and energy saving / Impact environnemental réduit et économie d'énergie / Minimale Umweltauswirkung und Energieersparnis / Minimale impact op het milieu en energiebesparing

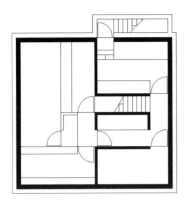

Basement plan

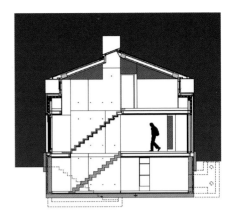

Section

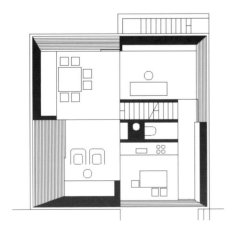

Ground floor plan

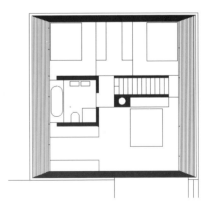

First floor plan

Walls, floors and ceiling are faced with wood, creating a warm and comfortable atmosphere that contrasts with the cold exterior landscape.

Les murs, les sols et le toit sont recouverts de bois, ce qui crée une ambiance chaleureuse et confortable qui contraste avec la froideur du paysage extérieur.

Die Wände, Fußböden und Decke sind mit Holz verkleidet, wodurch ein warmes und gemütliches Ambiente geschaffen wird, was im Kontrast zur Kälte der Landschaft draußen steht.

Wanden, vloeren en plafond zijn bekleed met hout, waardoor een warme, comfortabele sfeer ontstaat die een contrast vormt met het koude landschap buiten.

Residence on the Coast

Tjuvkil, Sweden

Faced with the difficulty of transporting building materials to the site, which could only be accessed by sea, the architects decided to design a simple wooden house raised over the ground on a platform of the same material.

Angesichts der Schwierigkeit, die Baumaterialien bis zum nur vom Meer her zugänglichen Grundstück zu transportieren, entschieden sich die Architekten für ein einfaches Holzhaus, das auf dem Gelände mit Hilfe einer Plattform aus dem gleichen Material errichtet wurde.

Face à la difficulté de transporter les matériaux de construction jusqu'au terrain, accessible seulement par la mer, les architectes ont opté pour une maison en bois simple, surélevée par rapport au terrain au moyen d'une plate-forme fabriquée dans le même matériau.

Naar aanleiding van de problemen om de bouwmaterialen naar de overzees gelegen bouwgrond te vervoeren, besloten de architecten een eenvoudig huis van hout te bouwen dat door middel van een platform van hetzelfde materiaal boven het terrein werd verheven.

 Windgårdh Arkitektkontor
www.windgardhs.se
© Ulf Celander

 Cedar wood / Bois de cèdre / Zedernholz / Cederhout

 Construction waste minimized, traditional local building styles, and minimized environmental impact / Réduction des déchets de construction, style traditionnel de construction de la région et impact environnemental réduit / Auf ein Minimum reduzierter Bauabfall, traditioneller regionaler Baustil und auf ein Minimum reduzierte Umweltauswirkung / Minimale bouwafval, traditionele bouwstijlen uit de streek en minimale impact op het milieu

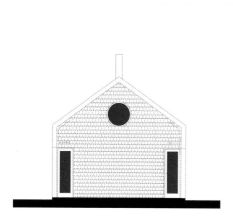

East elevation

North elevation

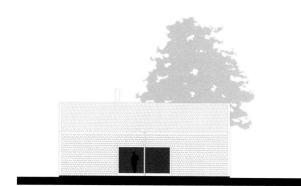

South elevation

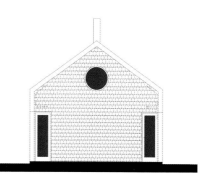

West elevation

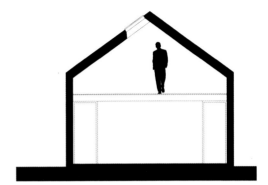

Cross section

Cross section

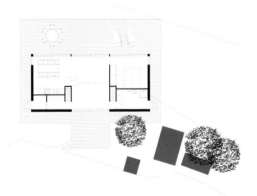

Ground floor plan

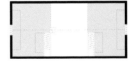

Mezzanine floor plan

The floor space of the residence does not exceed 970 ft² including the guest house. The entire structure is clad in Canadian cedar wood.

La surface de l'habitation ne dépasse pas les 90 m², la surface de la maison des invités comprise. Tout le volume est recouvert de bois de cèdre canadien.

Die Wohnfläche überschreitet 90 m² einschließlich Gästehaus nicht. Der gesamte Körper ist mit kanadischem Zedernholz verkleidet.

De oppervlakte van de woning is niet groter dan 90 m², met inbegrip van het gastenhuisje. Het hele huis is bekleed met Canadees cederhout.

Joshua Tree Home

Various

This mobile home brings back the spirit of mountain refuges with their typical lean-to roofs. The exterior cladding is made of steel, zinc, and titanium, laid in large sheets in the traditional way shingles are laid.

Dieses mobile Haus holt den Geist der alpinen Schutzhütten mit ihren charakteristischen Dächern mit nur einer Neigung zurück. Die Außenverkleidung besteht aus Stahl, Zink und Titan in Lamellenform, wobei die Methode der traditionellen Holzziegel verwendet wurde.

Cette maison mobile reprend l'esprit des refuges alpins avec leur toit caractéristique à une seule pente. Le revêtement extérieur est composé d'acier, de zinc et de titane appliqué sur de grandes lames selon la méthode traditionnelle des tuiles en bois.

Dit mobiele huis herstelt de geest van de berghutten met hun typische lessenaarsdaken. De buitenbekleding bestaat uit staal, zink en titanium die volgens de methode van de traditionele houten daken op grote platen aangebracht is.

 Hangar Design Group
www.hangar.it
© Hangar Design Group

 Steel, corrugated iron, titanium, wood, and glass / Acier, tôle ondulée, titane, bois et verre / Stahl, geriffeltes Eisen, Titan, Holz und Glas / Staal, gegolfd ijzer, titanium, hout en glas

 Minimized environmental impact, bio-climatic design, and energy saving / Impact environnemental réduit, conception bioclimatique et économie d'énergie / Minimale Umweltauswirkung, bioklimatisches Design und Energieersparnis / Minimale impact op het milieu, bioklimatologisch ontwerp en energiebesparing

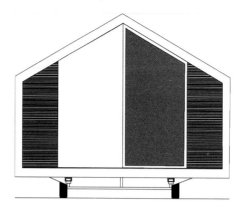

Elevation

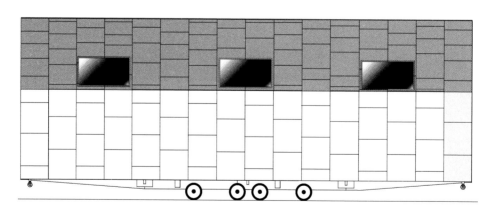

Elevation

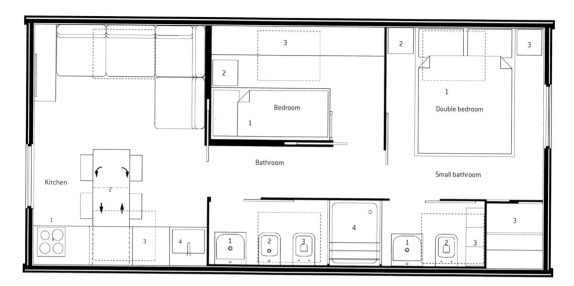

Floor plan

Kitchen	Bedroom	Bathroom	Double bedroom	Small bathroom
1. Oven	1. Bed	1. Wash basin	1. Bed	1. Wash basin
2. Table	2. Bedside table	2. Bidet	2. Bedside table	2. WC
3. Cooking area	3. Closet	3. WC	3. Closet	
4. Sink		4. Shower		

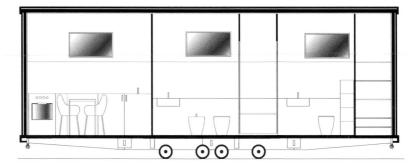

Sections

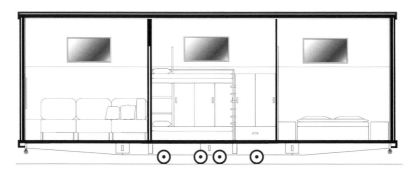

Sections

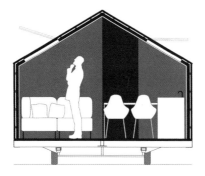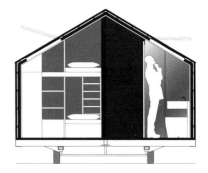

Sections

Designed for three or four persons, the house features two bedrooms, each with en-suite bathroom, and a space containing the living area, kitchen and dining area.

Für drei oder vier Personen konzipiert, besteht das Haus aus zwei Schlafzimmern, jedes mit eigenem Bad, sowie einem Bereich mit Wohnzimmer, Esszimmer und Küche.

Conçue pour accueillir trois ou quatre personnes, la maison compte deux chambres, chacune avec sa salle de bains, et un espace salon, salle à manger, cuisine.

Het huis, dat is ontworpen voor drie of vier personen, bestaat uit twee slaapkamers met elk een eigen badkamer, en een ruimte die fungeert als woon-en eetkamer en keuken.

House on the Island of Omø

Island of Omø, Denmark

This project establishes a relationship between an elementary cube structure and a building based on traditional techniques from the region. The thermal insulation used for the dwelling allows energy savings to be made.

In diesem Projekt wird zwischen einem elementaren würfelförmigen Raum und einer Konstruktion eine Beziehung geschaffen, die auf den traditionellen Bautechniken der Region gründet. Die Wärmedämmung der Wohnung ermöglicht eine Energieeinsparung.

Ce projet établit une relation entre un volume élémentaire de forme cubique et une construction basée sur les techniques traditionnelles de la région. L'isolation thermique utilisée pour l'habitation permet de diminuer la consommation d'énergie.

Bij dit project wordt een kubusvormig basisvolume combineerd met een constructie die gebaseerd is op de traditionele technieken uit de streek. Dankzij de warmte-isolatie waarmee de woning werd uitgerust, kan op energieverbruik worden bespaard.

@ **Ole Holst**
www.oleholst.dk
© Ole Holst

 Wood and locally-sourced materials / Bois et matériaux locaux / Holz und Materialien der Gegend / Hout en materalen afkomstig uit de omgeving

Minimized environmental impact and low energy consumption / Impact environnemental réduit et faible consommation d'énergie / Minimale Umweltauswirkung und niedriger Energieverbrauch / Tot een minimum beperkt effect op het milieu en laag energieverbruik

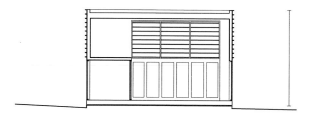

West elevation

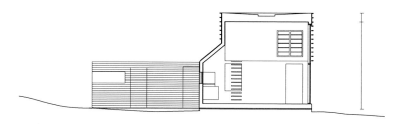

Cross section

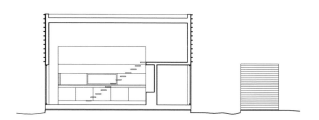

Longitudinal section

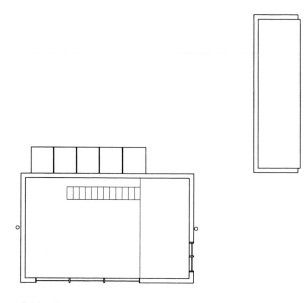

First floor plan

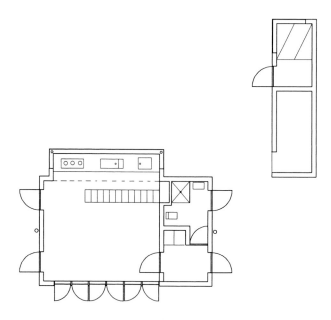

Ground floor plan

This unique and sustainable ecological building was built with the same material typically used in the region.

Dieses ökologische, zukunftsweisende und einzigartige Bauobjekt wurde mit den in der Region üblichen Materialien errichtet.

Ce bâtiment écologique, durable et singulier a été construit avec des matériaux employés dans la région.

Dit milieuvriendelijke, duurzame en bijzondere gebouw werd met hetzelfde materiaal gebouwd als het materiaal dat in de omgeving wordt gebruikt.

Solar House III

Ebnat-Kappel, Switzerland

The building was designed as a self-sufficient home. It was built on a very limited budget, and received the Swiss Solar Energy Prize in 2001, thanks to the 475 ft^2 solar wall designed and patented by the architectural studio that built it.

Das Gebäude wurde als eigenständiges Haus konzipiert. Seine Errichtung wurde mit einem sehr begrenzten Etat durchgeführt und erhielt 2001 den Schweizer Preis für Solarenergie, dank einer Solarwand von 44 m^2 Größe, die von dem Architekturbüro, das sie konstruiert hatte, entworfen und patentiert wurde.

Ce bâtiment a été conçu comme une maison autosuffisante. Cette construction, réalisée à partir d'un budget limité, a reçu le Prix suisse de l'énergie solaire en 2001, grâce au mur solaire de 44 m^2 conçu et breveté par l'étude d'architecte qui l'a construit.

Het gebouw werd als een zelfvoorzienend huis ontworpen. De bouw werd met een beperkt budget uitgevoerd en het ontving in 2001 de Zwitserse Zonne-energieprijs dankzij een zonnewand van 44 m^2, ontworpen en gepatenteerd door het architectenbureau dat het liet bouwen.

 Glassx AG, Dietrich Schwarz
www.glassx.ch
© Frédérik Comptesse

 Wood, iron, stone, and glass / Bois, fer, pierre et verre / Holz, Eisen, Stein und Glas / Hout, ijzer, steen en glas

 Minimized environmental impact, photovoltaic panels, thermal solar energy, and low energy consumption / Impact environnemental réduit, panneaux photovoltaïques, énergie solaire thermique et faible consommation d'énergie / Minimale Umweltauswirkung, photovoltaische Paneele, thermische Sonnenenergie und niedriger Energieverbrauch / Minimale impact op het milieu, zonnepanelen, thermische zonne-energie, laag energieverbruik

Besides the energy advantages resulting from the construction of a solar wall, the building has a striking appearance.

Outre les avantages énergétiques qu'il apporte, ce mur solaire est esthétiquement très attrayant.

Zusätzlich zu den energiesparenden Fenstern, Folge der Errichtung der Solarwand, besitzt es einen offensichtlichen ästhetischen Reiz.

Naast de energievoordelen die de bouw van de zonnewand met zich meebrengt, is het ook duidelijk esthetisch aantrekkelijk.

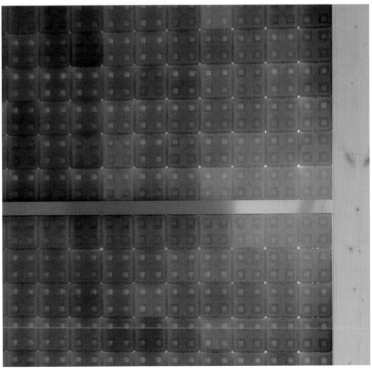

Parkstraße House

Wassenberg, Germany

A complex was built on this site comprising three independent homes. The building is divided into two blocks: one with a flat roof and faced in black Dutch brick; and another with a sloping roof and clad in wood.

Auf einem Grundstück wurde ein Gebäude errichtet, das aus drei unabhängigen Wohnungen besteht. Das Gebäude teilt sich in zwei Blöcke: Ein Wohnblock mit horizontalem Dach ist mit schwarzem holländischen Ziegelstein überzogen; der andere mit Schrägdach besitzt eine Holzverkleidung.

Sur un terrain vague, on a construit un immeuble constitué de trois habitations indépendantes. La construction se divise en deux blocs : L'un, au toit horizontal, est recouvert de briques hollandaises noires, et l'autre, au toit pentu, est recouvert de bois.

Op een stuk grond werd een gebouw opgetrokken dat bestaat uit drie onafhankelijke woningen. Het gebouw is in twee blokken opgedeeld: één met een horizontaal dak dat is bedekt met Nederlandse zwarte bakstenen, en de andere met een schuin dak dat met hout is afgedekt.

 Rongen Architekten
www.rongen-architekten.de
© Rongen Architekten

 Concrete, brick, wood, and locally-sourced materials / Béton, brique, bois et matériaux locaux / Beton, Ziegel, Holz und Materialien der Gegend / Beton, baksteen, hout en materialen afkomstig uit de omgeving

 Energy saving, bio-climatic design, and minimized environmental impact / Economie d'énergie, conception bioclimatique et impact environnemental réduit / Energieersparnis, bioklimatisches Design und minimale Umweltauswirkung / Energiebesparing, bioklimatologisch ontwerp en minimale impact op het milieu

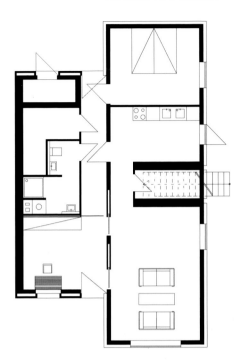

Ground floor plan

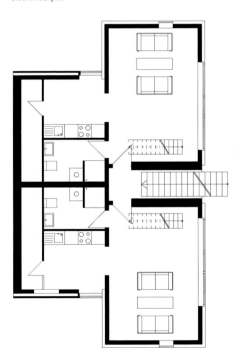

First floor plan

Untreated larch wood was used on the façade and terrace floors.

Sowohl für die Außenwände als auch für
die Terrassenböden wurde unbehandeltes
Lärchenholz verwendet.

On a utilisé du bois de mélèze non traité
comme matériau de construction pour la
façade et le sol des terrasses.

Als bouwmateriaal, zowel voor de gevel als
voor de vloeren van de terrassen, is onbehandeld larikshout gebruikt.

Haus P

Vienna, Austria

The originality of this small residence designed for a family of four, which gives a first impression of being one of many wooden boxes with a flat roof and large windows, becomes clear with a detailed study of its special features.

Die Originalität dieses kleinen Wohnsitzes, der für eine vierköpfige Familie konzipiert wurde und auf den ersten Blick als einer dieser vielen Holzkästen mit Flachdach und großen Fenstern angesehen werden könnte, wird nach einem sorgfältigen Betrachten seiner Eigenarten nur zu deutlich.

Cette petite maison, idéale pour une famille de quatre personnes, peut à première vue ressembler à l'une de ces nombreuses cabanes en bois au toit plat et aux larges baies vitrées, mais révèle son originalité après un examen minutieux de ses particularités.

Het originele karakter van dit kleine, voor een gezin van vier personen bedoelde huis, dat op het eerste gezicht op één van de vele houten kisten met een plat dak en grote ramen kan lijken, wordt duidelijk na een uitvoerige bestudering van zijn bijzonderheden.

 Thaler. Thaler Architekten
www.thalerthaler.at
© Hr. Sina Baniahmad

 Wood, glass and stainless steel / Bois, verre et acier inoxydable / Holz, Glas und Edelstahl / Hout, glas en roestvrij staal

 Maximum use of natural light, cross ventilation, and low energy consumption / Utilisation optimale de la lumière naturelle, ventilation croisée, et faible consommation d'énergie / Maximale Ausnutzung des Tageslichts, Querlüftung und niedriger Energieverbrauch / Maximale benutting van natuurlijk licht, kruisventilatie en laag energieverbruik

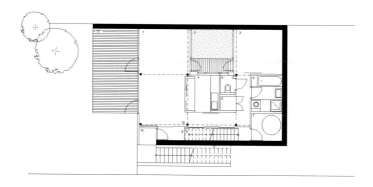

Ground floor plan

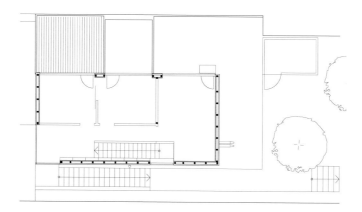

First floor plan

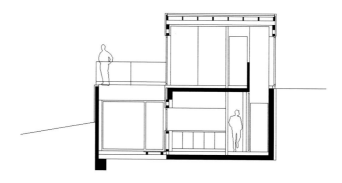

Section

This home is full of clever solutions for making the best use of limited space. Each room has a glass wall.

L'habitation dispose de nombreuses solutions ingénieuses et idéales pour tirer profit des espaces restreints. Chaque pièce dispose d'une cloison en verre.

Die Wohnung ist voll von einfallsreichen Lösungen, die zur Nutzung des begrenzten Raums dienen. Jedes Zimmer besitzt eine verglaste Wand.

De woning is voorzien van allerlei vindingrijke oplossingen die bedacht zijn om de beperkte ruimte te benutten. Elk vertrek heeft een glaswand.

Studio and Guesthouse Grossensee

Grossensee, Germany

The project consisted of remodeling a 1970s building with a somewhat unsightly straw roof, to turn it into a residence for two families. The former garage is now the area containing the bedrooms.

Das Projekt bestand in der Renovierung eines alten Gebäudes aus den 60-er Jahren, das über ein mit Stroh gedecktes, wenig ästhetisches Dach verfügte und in ein Zweifamilienhaus umgebaut werden sollte. Die alte Garage des Hauses bildet heute den Bereich der Schlafzimmer.

Pour ce projet, il s'agissait de rénover une vieille bâtisse des années 1970 au toit de paille et à l'apparence peu esthétique, pour la transformer en une habitation pour deux familles. L'ancien garage de la maison a été transformé en chambres.

Het project bestond uit de renovatie van een oud gebouw uit de jaren zeventig dat was voorzien van een niet al te mooi strodak, om er een woning voor twee gezinnen van te maken. De oude garage van het huis is thans het deel waar zich de slaapkamers bevinden.

 Loosen, Rüschoff + Winkler
www.lrw-architekten.de
© Oliver Heissner

 Wood, glass, concrete, iron, and steel / Bois, verre, béton, fer et acier / Holz, Glas, Beton, Eisen und Stahl / Hout, glas, beton, ijzer en staal

 Maximum use of natural light and minimized environmental impact / Utilisation optimale de la lumière naturelle et impact environnemental réduit / Maximale Ausnutzung des Tageslichts und minimale Umweltauswirkung / Maximale benutting van natuurlijk licht en minimale impact op het milieu

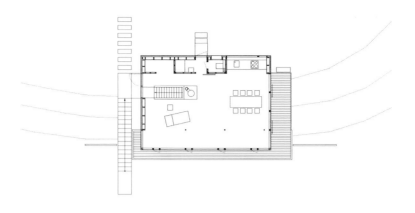

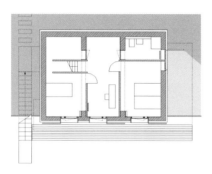

Floor plans

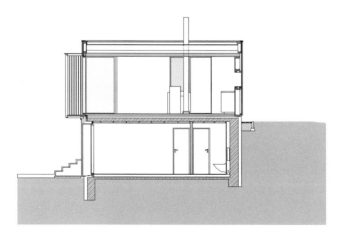

Section

Pentimento House

Quito, Ecuador

The dwelling was built as a single pre-cast concrete piece, providing a solution for the frame, walls, stairs and even garden front. From the outside it forms a neutral grid, while on the inside, each interior wall is different.

Die Wohnung wurde aus einem einzigen vorgefertigten Betonteil gebaut, das für sich allein die Frage der Struktur, der Abtrennung, der Treppen und sogar der zum Garten hin zeigenden Außenwand löst. Von außen gesehen handelt es sich bei dieser Wohnung um eine neutrale Wabe, während im Inneren jede Mauer anders ist.

L'habitation a été construite à partir d'un seul bloc préfabriqué en béton, qui à lui seul intègre la structure, les ouvertures, les escaliers et la façade donnant sur le jardin. À l'extérieur on trouve un revêtement neutre, tandis qu'à l'intérieur chaque mur est différent.

De woning werd uit een stuk prefab beton gemaakt, waardoor de structuur, de fundering, de trappen en zelfs de gevel die op de tuin uitkomt op zich een geheel vormen. Van buiten is het een neutraal dradenkruis, terwijl binnen elke muur anders is.

José María Sáez Vaquero,
David Patricio Barragán Andrade
www.arqsaez.com
© Raed Gindeya, José María Sáez

Concrete, steel, wood and glass / Béton, acier, bois et verre / Beton, Stahl, Holz und Glas / Beton, staal, hout en glas

Passive control systems for solar radiation, low energy consumption, and minimized environmental impact / Systèmes de contrôle passif de la radiation solaire, faible consommation d'énergie et impact environnemental réduit / Passives Steuerungssystem für Sonneneinstrahlung, niedriger Energieverbrauch und minimale Umweltauswirkung / Passief besturingssysteem voor zonnestraling, laag energieverbruik en minimale impact op het milieu

Sketch

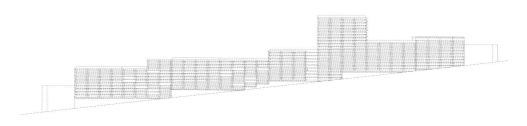

Site plan

East elevation

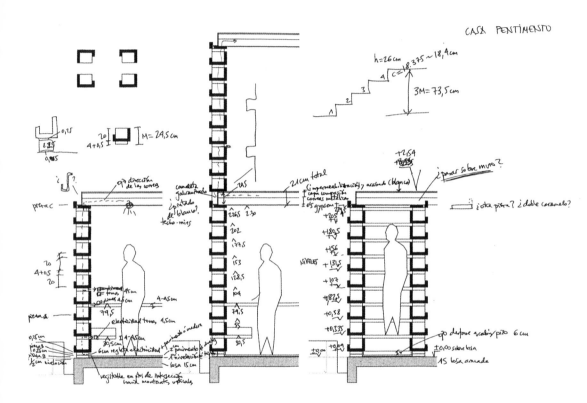

CASA PENTIMENTO

Draft design studying dimensions and layout of the elements making up the house

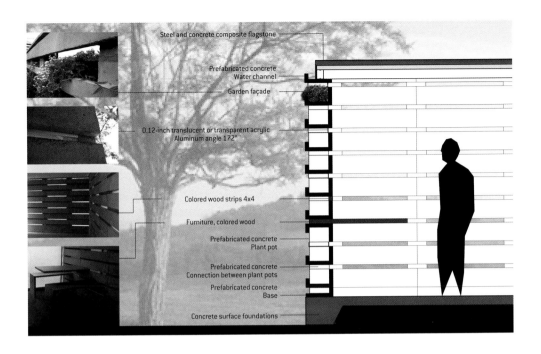

Steel and concrete composite flagstone

Prefabricated concrete
Water channel

Garden façade

0.12-inch translucent or transparent acrylic
Aluminum angle 1.72"

Colored wood strips 4x4

Furniture, colored wood

Prefabricated concrete
Plant pot

Prefabricated concrete
Connection between plant pots

Prefabricated concrete
Base

Concrete surface foundations

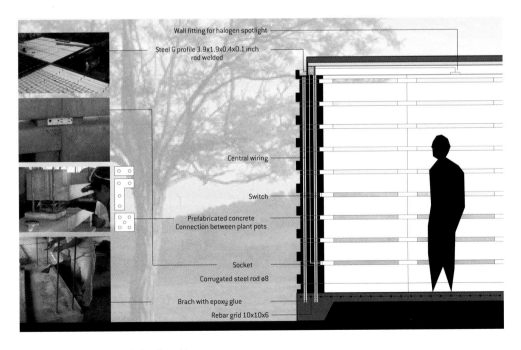

Wall fitting for halogen spotlight

Steel G profile 3.9x1.9x0.4x0.1 inch
rod welded

Central wiring

Switch

Prefabricated concrete
Connection between plant pots

Socket

Corrugated steel rod ø8

Brach with epoxy glue

Rebar grid 10x10x6

Explanatory sections: use and distribution of materials

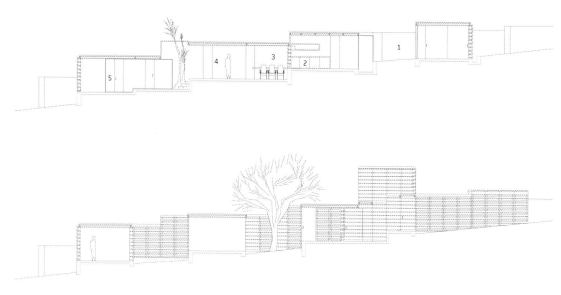

Longitudinal sections

1. Entrance   4. Living area
2. Kitchen   5. Bedroom
3. Dining room

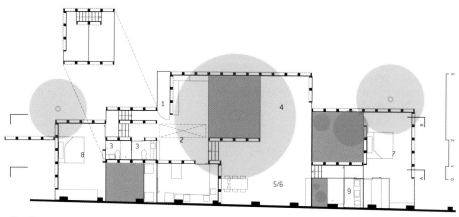

Floor Plan

1. Entrance   6. Kitchen
2. Reception   7. Bedroom 1
3. Bathroom   8. Bedroom 2
4. Living area   9. Bathroom
5. Dining room

The main feature of the project is the fact that the same prefabricated element is utilized to give form to the walls and serves as a base for the furniture.

Das wohl Bezeichnendste für das Projekt ist, dass das gleiche vorgefertigte Element zur Bildung der Mauern als auch zur Lieferung eines Trägergerüsts für die Möbel dient.

La principale caractéristique de ce projet c'est qu'un seul et même élément préfabriqué puisse aussi bien servir à donner forme aux murs qu'à soutenir le mobilier.

Het meest kenmerkende van dit project ligt in het feit dat hetzelfde prefab element zowel gebruikt wordt om vorm te geven aan de muren als ter ondersteuning van het meubilair.

Seadrift Residence

California City, California, USA

The design of this family summer residence follows strict sustainability requirements including the installation of photovoltaic panels. All the home's systems are connected to a network powered by solar energy.

Das Design dieser Sommerfamilienresidenz befolgt ein strenges Programm der Zukunftsfähigkeit, das die Installation von Photovoltaik-Platten einschließt. Alle Systeme dieses Haushalts sind in ein Stromnetz integriert, das von Sonnenenergie gespeist wird.

Le design de cette résidence d'été familiale suit un programme rigoureux de durabilité qui comprend l'installation de panneaux photovoltaïques. Tous les systèmes domestiques sont intégrés à un réseau électrique alimenté par énergie solaire.

Het ontwerp van deze zomerwoning volgt een nauwgezet duurzaamheidsprogramma dat de installatie van zonnepanelen bevat. Alle systemen van het huis zijn opgenomen in een stroomnet dat wordt gevoed door zonne-energie.

@ **CCS Architecture**
www.ccs-architecture.com
© Matthew Millman

 Wood and glass / Bois et verre / Holz und Glas / Hout en glas

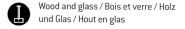 Photovoltaic panels, energy saving, and low energy consumption / Panneaux photovoltaïques, économie d'énergie et faible consommation d'énergie / Photovoltaische Paneele, Energieersparnis und niedriger Energieverbrauch / Zonnepanelen, energiebesparing en laag energieverbruik

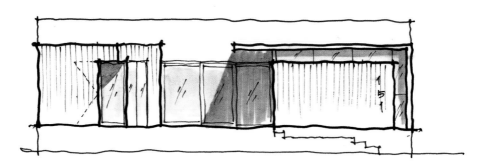

South elevation

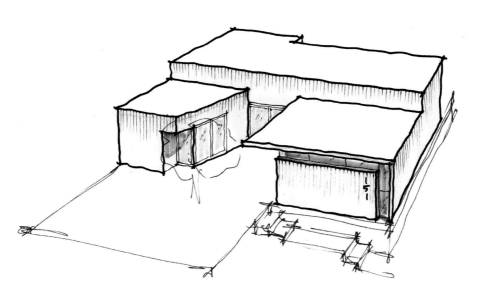

South elevation study

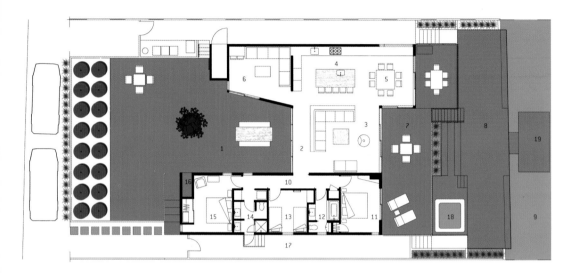

Floor plan

1. South deck
2. Entry
3. Living room
4. Kitchen
5. Dining room
6. Family room
7. North deck
8. Lagoon deck
9. Lagoon
10. Hall

11. Bedroom 1
12. Bathroom 1
13. Kids bedroom
14. Bathroom 2
15. Bedroom 2
16. Storage
17. Side yards
18. Hot tub
19. Dock

The architects installed control mechanisms for energy use and water flow reducers in order to make energy use more efficient and save money.

Die Architekten haben Steuerinstrumente für den Stromverbrauch und eine Drosselung des Wasserdurchflusses eingebaut, um den Energieverbrauch zu rationalisieren und Geld zu sparen.

Les architectes ont installé des contrôleurs de consommation lumineuse et des réducteurs de flux pour l'eau afin de rationaliser la consommation d'énergie et d'économiser de l'argent.

De architecten installeerden meters voor het lichtverbruik en reductoren voor de waterstroom om het energieverbruik te rationaliseren en geld te besparen.

Brunsell-Sharples House Remodel

The Sea Ranch, California, USA

The aim of the building and later remodeling of this house was to minimize impact on the natural flora and fauna. The lie of the terrain was also taken into account when placing the building on the site.

Das Ziel beim Bau und der anschließenden Renovierung dieses Hauses war, die Einwirkung auf die natürliche Flora und Fauna möglichst gering zu halten. Als der Baukörper in das Land integriert wurde, wurde ebenfalls die Topographie des Ortes berücksichtigt.

L'objectif de la construction et, par la suite, de la rénovation de cette maison était de minimiser l'impact sur la faune et la flore naturelles. Au moment d'intégrer le volume construit au terrain, la topographie du lieu a aussi été prise en compte.

Het doel van de constructie en latere renovatie van dit huis was de impact op de natuurlijke flora en fauna minimaliseren. Bij de integratie van het constructievolume in het terrein is ook rekening gehouden met de plaatselijke topografie.

 Obie G. Bowman
www.obiebowman.com
© Obie G. Bowman, Robert Foothorap

 Wood, eucalyptus wood, and brick / Bois, bois d'eucalyptus et brique / Holz, Eukalyptusholz und Ziegel / Hout, eucalyptushout en baksteen

 Passive solar energy, cross ventilation, green roof, landscape integration, natural and recycled materials/ Energie solaire passive, ventilation croisée, toit vert, intégration au paysage, matériaux naturels et recyclést / Passive Sonnenenergie, Querlüftung, begrüntes Dach, Integration in die Landschaft, natürliche und wiederaufbereitete Materialien / Passieve zonne-energie, kruisventilatie, daktuin, integratie in het landschap, natuurlijke en gerecyclede materialen

The low roof adapts to the strong winds from the Pacific coast and provides the southern façade with maximum protection.

Les toits sont bas pour mieux s'adapter au vent fort sur la côte de l'océan Pacifique et protéger au maximum la façade sud.

Die Dächer sind zur Anpassung an den starken Wind an der Pazifikküste von geringer Höhe und schützen damit die Südseite so weit wie möglich.

De daken zijn laag, zodat ze afgestemd zijn op de hevige oostenwind van de Stille Oceaan en de zuidgevel optimaal beschermen.

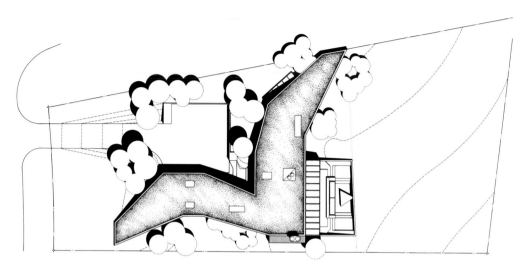

Location plan

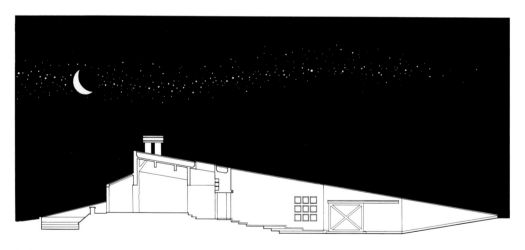

Section

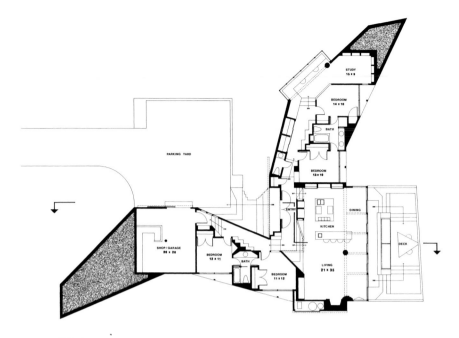

Floor plan

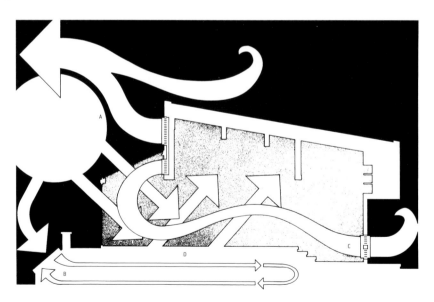

Bio-climatic diagram

A. Continuous discharge manifold

B. Solar hot water collector

C. Air intake louvers

D. Brick over slab floor mass

Grégoire-Opdebeeck House

Schaerbeek, Belgium

The design of this single-family home is based on the concept of energy sustainability through the application of insulating materials, such as wood, on the upper levels and façades, as well as materials that are resistant to the passing of time, such as ceramic floor tiles.

Dieses Einfamilienhaus stützt sich auf das Konzept der energetischen Nachhaltigkeit, die durch den Einsatz von Isolationsmaterialien wie Holz in den oberen Etagen und für die Außenwände sowie zeitbeständigen Materialien beruht, wie z.B. der Bodenbelag aus Keramik.

Cette habitation individuelle est basée sur le concept de durabilité énergétique grâce à l'utilisation de matériaux isolants, comme le bois pour les niveaux supérieurs et les façades, et supportant bien le passage du temps, comme les sols en céramique.

Deze eengezinswoning is gebaseerd op het concept van duurzame energie door de toepassing van isolatiematerialen, zoals hout, op de bovenverdiepingen en de gevels, en tijdsbestendige materialen, zoals vloertegels.

 Marc Opdebeeck
© Marie-Hélène Grégoire, Jacky Delorme

 Wood, aluminum, iron, corrugated iron, glass, and brick / Bois, aluminium, fer, tôle ondulée, verre et brique / Holz, Aluminium, Eisen, geriffeltes Eisen, Glas und Ziegel / Hout, aluminium, ijzer, gegolfd ijzer, glas en baksteen

 Bio-climatic design, photovoltaic solar energy, passive solar energy, thermal solar energy / Conception bioclimatique, énergie solaire photovoltaïque, énergie solaire passive, énergie solaire thermique / Bioklimatisches Design, photovoltaische Sonnenenergie, passive Sonnenenergie, thermische Sonnenenergie / Bioklimatologisch ontwerp, fotovoltaïsche zonne-energie, passieve zonne-energie

Front elevation

Rear elevation

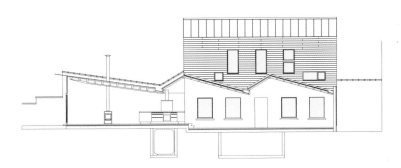

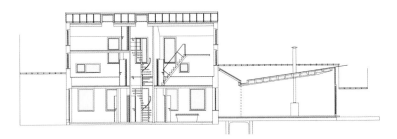

Sections

197

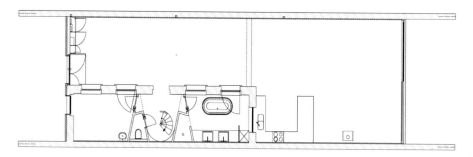

Ground floor plan

First floor plan

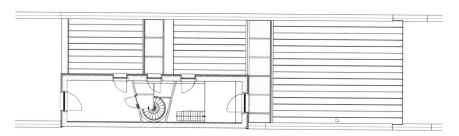

Second floor plan

The interiors feature an open-plan layout. The kitchen and bathroom panels, and the furniture are made of wood.

L'intérieur est caractérisé par son design lumineux. Les panneaux de la cuisine et de la salle de bains ainsi que les meubles sont en bois.

Die Innenräume sind durch ihr helles Design geprägt. Die Paneele in Küche und Bad sowie die Möbel sind aus Holz.

Het interieur wordt gekenmerkt door zijn lichtdoorlatend design. De lambrisering van de keuken en van de badkamer en de meubels zijn van hout.

Residence in Inverness

Inverness, California, USA

The design of this house was inspired by the place and its historic rural buildings. The building is at once a wood cabin and a glass and steel tree house on stilts.

Der Ort, an dem dieser Wohnsitz errichtet wurde, mit seinen historischen ländlichen Gebäuden, inspirierte die Gestaltung dieses Hauses: Ein Gebäude, das einerseits wie eine Holzkabine aussieht und andererseits wie ein auf Pfählen errichtetes Baumhaus aus Glas und Stahl.

L'endroit où se trouve cette demeure, avec ses vieux bâtiments ruraux, a inspiré l'architecte de cette maison : un volume qui se présente à la fois comme une cabane en bois et comme une maison dans les arbres, en verre et en acier, sur une structure à pilotis.

De omgeving met historische plattelandsgebouwen waar deze woning staat, inspireerde het ontwerp van dit huis: een ruimte die een houten cabine en tegelijkertijd een boomhuis van glas en staal is.

 Studios Architecture
www.studiosarchitecture.com
© Tim Griffith, Michael O'Callahan

 Local wood, glass, steel, concrete and corrugated iron / Bois local, verre, acier, béton et tôle ondulée / Holz aus der Region, Glas, Stahl, Beton und geriffeltes Eisen / Hout uit de omgeving, glas, staal, beton en gegolfd ijzer

 Thermal inertia, faucets with water saving systems, and passive energy / Inertie thermique, robinets avec dispositif d'économie d'eau et énergie passive / Wärmeträgheit, Wasserhähne mit Wassersparsystemen und passive Energie / Thermische traagheid, kranen met waterbesparingssystemen en passieve energie

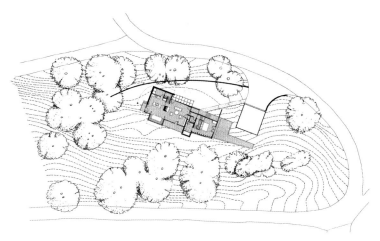

Site plan

North elevation

East elevation

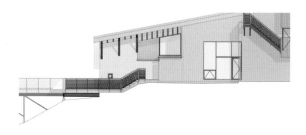

South elevation

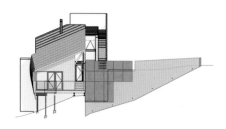

West elevation

The two most striking features of the design are the use of different materials on the façades and the design of the connected structures.

L'utilisation de différents matériaux pour les façades et le design aux volumes liés sont les deux aspects les plus marquants de cette création.

Die Verwendung verschiedener Materialien für die Außenwände zusammen mit der Gestaltung verketteter geometrischer Gebilde sind die wesentlichsten Aspekte des Designs.

Het gebruik van verschillende materialen in de gevels, samen met het ontwerp van aaneensluitende volumetrische vormen, zijn de twee meest kenmerkende aspecten van het ontwerp.

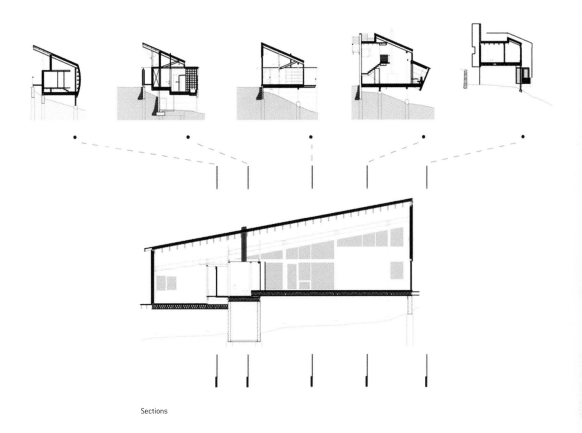

Sections

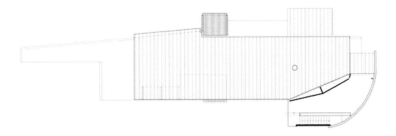

Roof plan

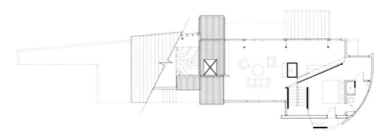

Upper level

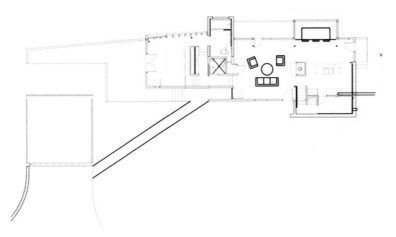

Lower level

Co2-Saber

Lake Laka, Poland

The particular shape of this building was designed to maximize absorption of solar energy. Practically 80% of this three-story structure is oriented towards the sun and clad with plant fiber cement panels, which reduces heat loss.

Die charakteristische Gebäudeform wurde zur optimalen Aufnahme der Sonnenenergie konzipiert. Nahezu 80% der Struktur der drei Stockwerke ist zur Sonne hin gerichtet und mit pflanzlichem Faserzement verkleidet, die den Wärmeverlust mindert.

La forme caractéristique de la maison a été conçue pour optimiser l'absorption d'énergie solaire. Presque 80 % de cette structure à trois étages est orientée au soleil et recouverte de fibre de ciment végétal qui réduit la perte de chaleur.

De kenmerkende vorm van het gebouw is bedoeld om de absorptie van zonne-energie te optimaliseren. Bijna 80% van de uit drie verdiepingen bestaande constructie is op de zon georiënteerd en bekleed met plantaardige cementvezel die het warmteverlies reduceert.

@ **Peter Kuczia**
www.kuczia.com
© Tomasz Pikula

Local wood and glass / Bois local et verre / Holz und Glas aus der Region / Hout en glas afkomstig uit de omgeving

Passive solar, active solar and thermal solar energy / Energie solaire active, passive et thermique / Aktive, passive und thermische Sonnenenergie / Actieve, passieve en thermische zonne-energie

Locally sourced untreated wood and panels of plant fiber cement were used for exterior cladding.

Für die Außenverkleidung wurde unbehandeltes örtliches Holz verwendet, zusätzlich zur Verwendung von Paneelen aus Faserzement.

Pour le revêtement extérieur, on a utilisé un bois local non traité, outre les panneaux en fibre de ciment.

Voor de buitenbekleding is naast de cementvezelplaten lokaal, onbehandeld hout gebruikt.

Creature

Outside symmetric

Creature

Inside asymmetric

Chameleon

Surrounding area

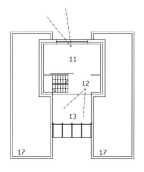

Second floor plan

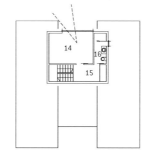

Top floor plan

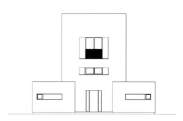

North elevation

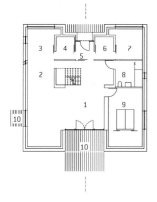

Ground floor plan

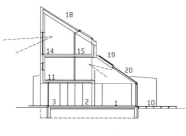

Section A-A

West elevation. View-Sun

1.	Living room	12.	Gallery
2.	Dining room	13.	Patio
3.	Kitchen	14.	Room with view
4.	Storage		onto the lake
5.	Porch	15.	Corridor
6.	Wardrobe	16.	Bathroom
7.	Laundry	17.	Green roof
8.	Bath	18.	Photovoltaics
9.	Bedroom	19.	Solar panels
10.	Terrace	20.	Winter garden
11.	Studio		

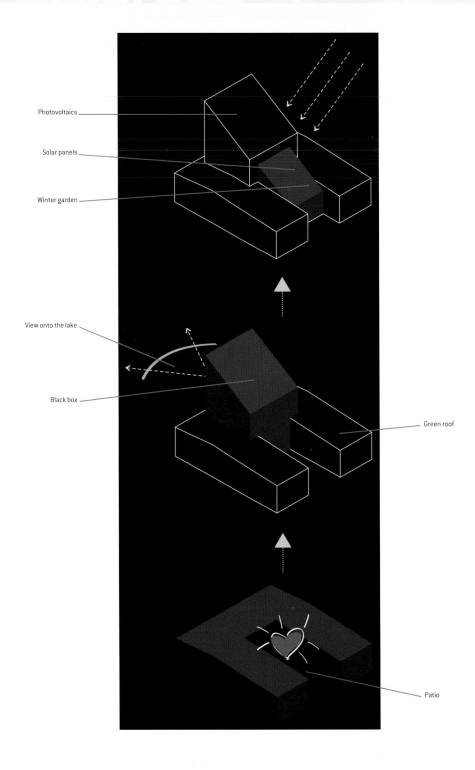

Photovoltaics

Solar panels

Winter garden

View onto the lake

Black box

Green roof

Patio

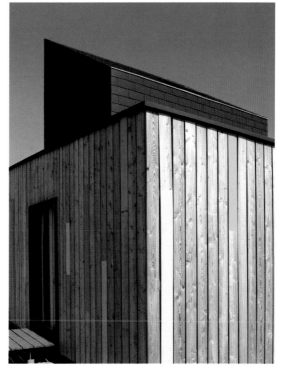

Wildalpen Mountain Campus

Widalpen, Austria

This building comprises a rectangular structure anchored by concrete piers and the actual base of the staircase. The building is a set of five modules containing apartments, and another module for communal services.

Das Gebäude besteht aus einem rechteckigen Erdgeschoß, das mit Betonsäulen und dem Fundament der Treppe verankert ist. Die Bebauung ist in fünf Module mit Appartements und in ein weiteres Modul für den Gemeinschaftsbereich aufgegliedert.

La construction se présente comme un volume rectangulaire fixé sur des piliers en béton et sur la base même de l'escalier. La construction s'articule autour de cinq modules contenant des appartements et un autre module qui abrite la partie commune.

Het gebouw bestaat uit een rechthoekig lichaam dat verankerd is op betonnen zuilen en op de basis van de trap zelf. Het bestaat uit vijf modules met appartementen en een module waarin het gemeenschappelijke deel is gehuisvest.

 Holzbox
www.holzbox.at
© Birgit Koell

 Wood, glass, medium density board (MDF), high density board (HPL) / Bois, verre, panneaux à densité moyenne (mdf), panneaux à forte densité (hpl) / Holz, Glas, MDF-Platten, Pressholzplatten von hoher Dichte / Hout, glas, geperste houtplaat van lage dichtheid, geperste houtplaat van hoge dichtheid

 Low energy consumption and minimized environmental impact / Faible consommation d'énergie et impact environnemental réduit / Energieersparnis und minimale Umweltauswirkung / Laag energieverbruik en minimale impact op het milieu

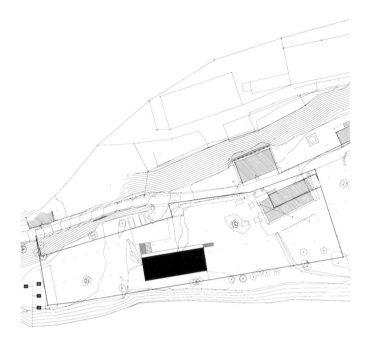

Location plan

The cantilevered main volume creates an open lower level that is used as a place for socializing in case of rain.

Le rez-de-chaussée, ouvert, grâce au volume principal en saillie, sert de point de rassemblement en cas de pluie.

Das Erdgeschoss kann dank des vorspringenden Haupt-Gebäudeteils bei Regen als Versammlungsort genutzt werden.

De benedenverdieping, die dankzij het overhangende hoofdvolume volledig open is, fungeert als ontmoetingspunt bij regen.

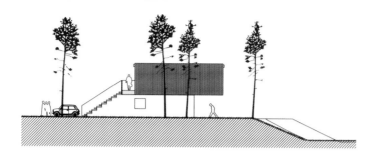

North elevation

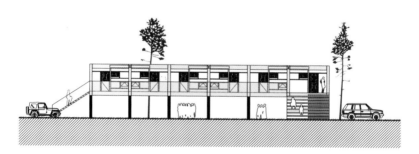

West elevation

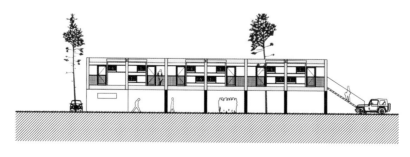

East elevation

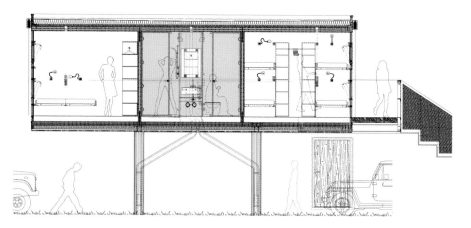

Longitudinal section of module-apartment

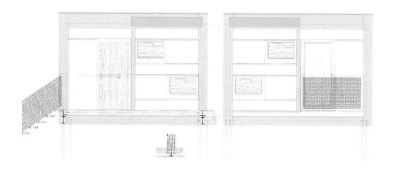

Cross sections of module-apartment

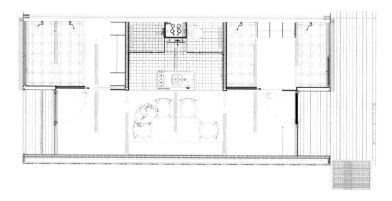

Plan of module-apartment

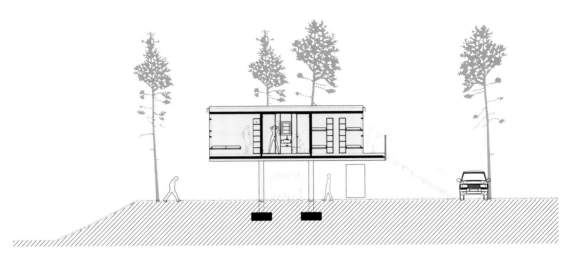

Section I-I'

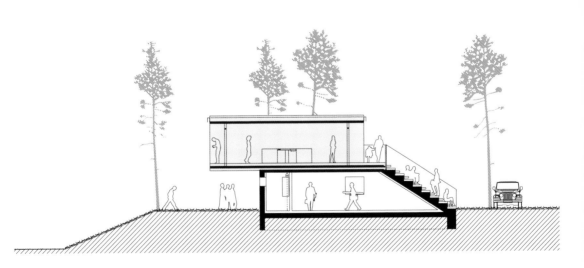

Section G-G'

235

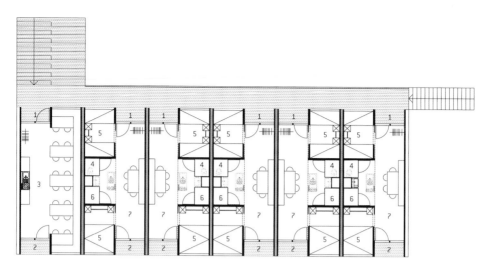

Second floor plan

1. Foyer
2. Balcony
3. Communal room
4. Rest room
5. Bedroom
6. Shower
7. Living room

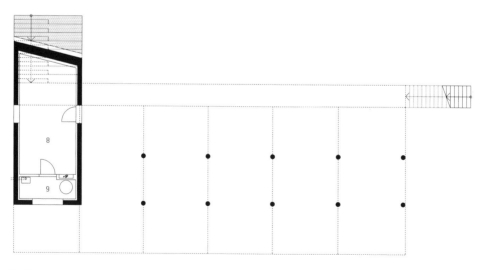

First floor plan

8. Maintenance room
9. Mechanical room

Claudia Bruckner Residence

Rankweil, Austria

This residence is also known as Fire Red from the color of the wood used as cladding. The simplicity of the exterior matches a sparse layout which makes the interior appear much larger than it really is.

Die Wohnung ist auch bekannt unter dem Namen Fire Red (Feuerrot), der von der Farbe des Holzes, das als Verkleidung benutzt wird, herrührt. Die Einfachheit der äußeren Form steht im Einklang mit einem Inneren von einfacher Aufteilung, was die tatsächliche Ausdehnung des Hauses optisch vergrößert.

Cette habitation est également connue sous le nom de « Fire Red » en raison de la couleur du bois utilisé pour le revêtement. La simplicité de la forme extérieure correspond à la distribution simple de l'intérieur, qui élargit visuellement les dimensions réelles de la maison.

De woning staat ook wel bekend als «Fire Red» vanwege de kleur van het als bekleding gebruikte hout. De eenvoud van de buitenvorm stemt overeen met het interieur dat een simpele indeling heeft, waardoor de werkelijke afmetingen van het huis visueel groter lijken.

 Hans-Peter Lang
www.coa.at
© Albrecht Schnabel

 Wood and glass / Bois et verre / Holz und Glas / Hout en glas

 Natural construction materials, bio-climatic design, and minimized environmental impact / Matériaux de construction naturels, conception bioclimatique et impact environnemental réduit / Natürliche Baumaterialien, bioklimatisches Design und minimale Umweltauswirkung / Natuurlijke bouwmaterialen, bioklimatologisch ontwerp en minimale impact op het milieu

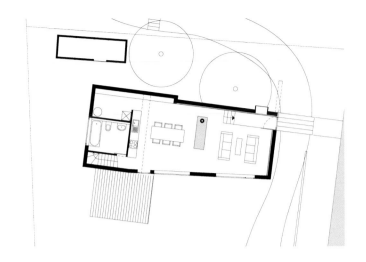

Floor plan

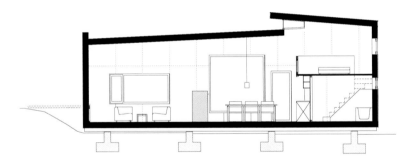

Section

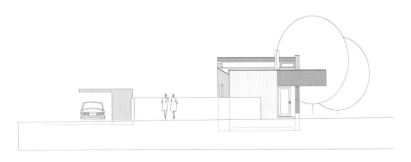

Elevation

The different sizes and shapes of the windows give the building a fun feel. Naturalness and simplicity are the essential features of this project.

Die verschiedenen Formen und Größen der Fenster verleihen dem architektonischen Ensemble einen vergnüglichen Charakter. Die Natürlichkeit und Einfachheit ist die wesentliche Prämisse dieses Projekts.

Des fenêtres aux formes et aux tailles très variées donnent à la bâtisse un aspect amusant. L'aspect naturel et simple constituait le point de départ de ce projet.

De diverse vormen en afmetingen van de ramen geven het architectonische geheel een grappig karakter. Natuurlijkheid en eenvoud vormen de essentie van dit project.

245

Sol

The intelligent, economical and flexible design of the Sol model stands apart from its competitors by the freedom clients have in deciding the layout. It features compact construction and clean lines, made in wood.

Das intelligente, ökonomische und flexible Design des Modells Sol unterscheidet sich von seinen Konkurrenten durch die Freiheit bei der Aufteilung für seinen Kunden. Die gemeinsamen Merkmale liegen in einer kompakten, aus klaren Linien gestalteten Holzkonstruktion.

Le design intelligent, économique et flexible du modèle Soleil se démarque de la concurrence en offrant à ses clients une grande liberté dans la distribution des pièces. Les éléments communs sont une structure compacte en bois, aux lignes épurées.

Het intelligente, goedkope en flexibele ontwerp van het Sol-model onderscheidt zich van de concurrentie door de vrijheid waarmee de klanten het kunnen indelen. De gemeenschappelijke elementen berusten op een compact houten gebouw van zuivere lijnen.

Planhaus
www.planhaus.at
© Angelo Kaunat

Wood, titanium, and glass / Bois, titane et verre / Holz, Titan und Glas / Hout, titanium en glas

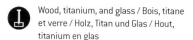

Passive solar energy, prefabricated construction, construction waste minimized, and energy efficient / Energie solaire passive, construction préfabriquée, réduction des déchets de construction et efficience énergétique / Passive Sonnenenergie, Fertigbau, wenig Bauabfall und hohe Energieeffizienz / Passieve zonne-energie, prefabbouw, minimale bouwafval en energie-efficiëntie

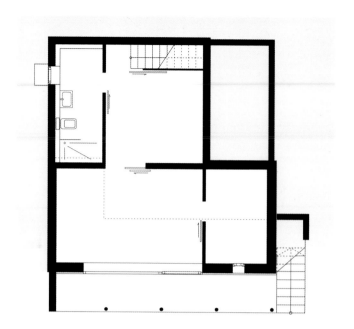

Floor plan

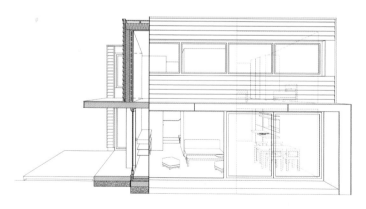

Section

Practical and economical, the Sol model can be built fast and is ready to move into in three months.

Pratique et économique, la phase de construction du modèle Soleil est de très courte car on peut y emménager sous trois mois.

Der Bauprozess des Modells Sol ist praktisch und ökonomisch und von minimaler Dauer. Sol ist in drei Monaten fertig und bewohnbar.

Het praktische en goedkope bouwproces van het Sol-model is zeer kort. Het is in drie maanden woonklaar.

Summer House

Vejby, Denmark

The dwelling was designed as a place of relaxation for artists and a peaceful refuge for work. The project was to have a maximum floor space of 1.080 ft² including a 430 ft² studio that could be separated from the rest of the dwelling.

Diese Wohnung wurde als Erholungsstätte für Künstler und als Ruhe spendender Rückzugsort zum Arbeiten entworfen. Das Projekt sollte von einer maximalen Fläche von 100 m² ausgehen und ein von der restlichen Wohnung trennbares Studio von 40 m² einschließen.

La maison a été conçue comme lieu de repos pour artistes et refuge au calme pour travailler. Le projet devait occuper une surface de 100 m² au maximum et comprendre un studio de 40 m² pouvant se séparer du reste de la maison.

De woning werd ontworpen als ontspanningsruimte voor artiesten en als rustig toevluchtsoord om te werken. Het project was bedacht op een oppervlakte van maximaal 100 m² en zou beschikken over een studio van 40 m² die van de rest van de woning gescheiden zou kunnen worden.

 Henning Larsens Tegnestue
www.hlt.dk
© Jens Lindhe

 Wood, steel, brick, and glass / Bois, acier, brique et verre / Holz, Stahl, Ziegel und Glas / Hout, staal, baksteen en glas

 Minimized environmental impact, natural materials, and bio-climatic design / Impact environnemental réduit, matériaux naturels, et conception bioclimatique / Minimale Umweltauswirkung, natürliche Materialien und bioklimatisches Design / Minimale impact op het milieu, natuurlijke materialen en bioklimatologisch ontwerp

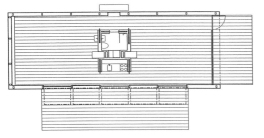

Ground floor plan

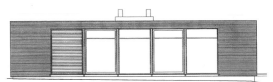

Elevation

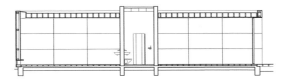

Section

The studio is located in the north part, where the wall has a number of openings in the upper and lower bands to direct light towards the floor.

Das Studio ist im nördlichen Teil untergebracht, wo die Wände im oberen und unteren Bereich mit Öffnungen versehen sind, die das Licht auf den Boden lenken.

Le studio se situe dans la partie nord où le mur est pourvu d'ouvertures en haut et en bas afin de diriger la lumière vers le sol.

De studio is aan de noordkant gelegen waar de wand aan de boven- en onderkant voorzien is van openingen die het licht naar de vloer oriënteren.

House on Lake Rupanco

Región de Los Lagos, Chile

The orientation of the house takes full advantage of lake views. The principal façade is glassed to create a visual connection with the landscape. The rear of the building is lost in a forest of Chilean myrtles and native shrubs.

Bei der Standortwahl des Hauses ist die Ausrichtung mit optimaler Sicht auf den See gewählt worden. Die vordere Außenwand ist verglast, was den visuellen Bezug zur Umgebung fördert. Im hinteren Teil verliert sich das Haus in einem Wald aus Myrthe und einheimischem Buschwerk.

La maison dispose de l'orientation parfaite pour offrir des vues magnifiques sur le lac. La façade frontale est vitrée, ce qui facilite la connexion visuelle avec le paysage environnant. La partie arrière de la maison se perd dans un bois de myrtes et de jeunes arbustes.

Het huis is zodanig gebouwd dat het uitzicht biedt op het meer. De voorgevel is beglaasd, waardoor een visuele connectie met de omgeving mogelijk wordt gemaakt. Aan de achterkant gaat het huis over in een bos van inheemse mirten en struiken.

 Beals Arquitectos
bealsarquitectos@gmail.com
© Alejandro Beals

 Local wood and glass / Bois local et verre / Holz und Glas aus der Region / Hout en glas afkomstig uit de omgeving

 Passive solar energy, maximum use of natural light, and cross ventilation / Energie solaire passive, utilisation optimale de la lumière naturelle et ventilation croisée / Passive Sonnenenergie, maximale Ausnutzung des Sonnenlichts und Querlüftung / Passieve zonne-energie, maximale benutting van zonlicht en kruisventilatie

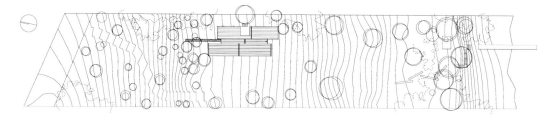

Site plan

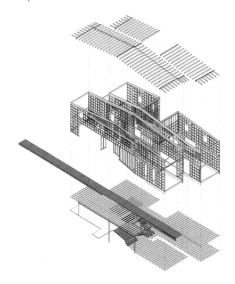

Isometric view

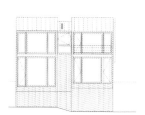

South elevation

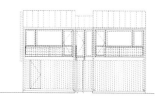

North elevation

West elevation

East elevation

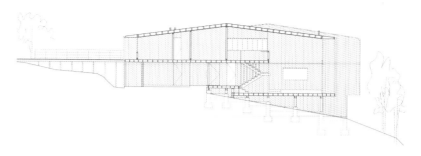

Longitudinal section

Upper level

1. Bedroom
2. Bathroom
3. Bedroom
4. Bathroom
5. Double height
6. Balcony

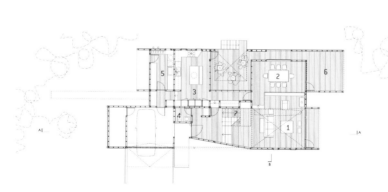

Lower level

1. Living area
2. Dining room
3. Kitchen
4. Reception
5. Laundry
6. Exterior deck
7. Staircase

The interior open-plan spaces are also lined with wood, which gives them warmth and counteracts the damp location.

Auch im Inneren sind die hellen Räume mit Holz verkleidet, wodurch Wärme geschaffen wird und hilft, der Feuchtigkeit des Standortes entgegenzuwirken.

À l'intérieur, les espaces lumineux sont aussi recouverts de bois, ce qui apporte de la chaleur et contribue à compenser l'humidité du lieu.

In het interieur zijn de lichte ruimten ook bekleed met hout, wat voor een warme sfeer zorgt en helpt om de vochtigheid van de lokatie tegen te gaan.

Finca El Retorno

Antioquia, Colombia

These two dwellings form the first stage if a project for eco-shelters in Guatapé. Their location in this setting conditioned the design, which consists of various types of shelter that vary in accordance with the terrain.

Die zwei Wohnungen sind Teil der Anfangsphase eines Projekts zum Bau von ökologischen Schutzhütten in Guatapé. Ihre Errichtung in dieser Umgebung bedingte ihre Gestaltung, zu der verschiedene Typen von Schutzhütten gehören, die je nach Gelände unterschiedlich sind.

Les deux habitations font partie de la phase initiale d'un projet de construction de refuges écologiques à Guatapé. Leur implantation dans cet environnement a conditionné leur design consistant en diverses formes de refuge qui varient en fonction du terrain.

De twee woningen maken deel uit van de beginfase van een project om in Guatapé eco. De ligging in deze omgeving heeft het ontwerp, dat uit verschillende soorten toevluchtsoorden bestaat die naargelang het terrein variëren, geconditioneerd.

G Ateliers
www.gateliers.com
© Gustavo Valencia

Oak wood, stone, and glass / Bois de chêne, pierre et verre / Eichenholz, Stein und Glas / Eikenhout, steen en glas

Passive solar energy, cross ventilation, rainwater collection, and low energy consumption / Energie solaire passive, ventilation croisée, collecte des eaux de pluie et faible consommation d'énergie / Passive Sonnenenergie, Querlüftung, Sammlung von Regenwasser und verringerter Energieverbrauch / Passieve zonneenergie, kruisventilatie, opvang van regenwater en beperkt energieverbruik

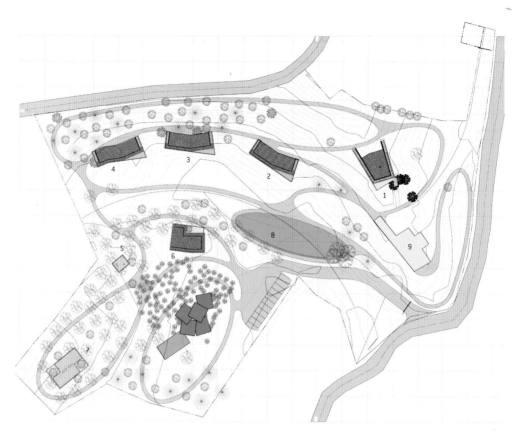

Site plan

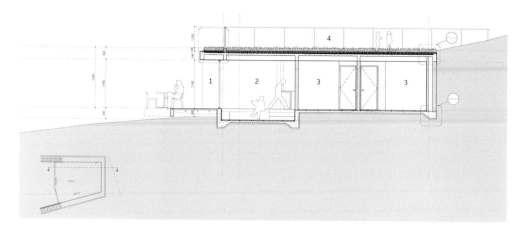

A-A section

1. Exterior deck
2. Living/dining area
3. Bedroom
4. Green roof

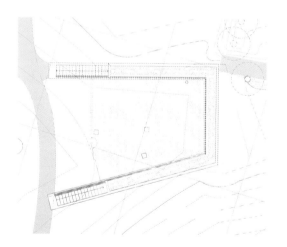

Roof level

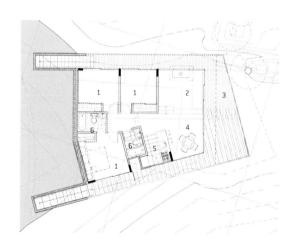

Lower level

1. Bedroom
2. Living area
3. Terrace
4. Dining room
5. Kitchen
6. Bathroom

The upper part is a green roof which, in addition to integrating the dwelling into the setting, insulates it from solar radiation and regulates the temperature inside the house.

La partie supérieure est un espace vert aménagé sur le toit qui en plus d'intégrer l'habitation à l'environnement isole de la radiation solaire et régule la température à l'intérieur.

Der obere Teil ist ein als Garten gestaltetes Flachdach, das nicht nur die Wohnung in die Umgebung integriert, sondern die Sonneneinstrahlung abfängt und die Temperatur innen reguliert.

Het bovenste gedeelte is een daktuin die er niet alleen voor zorgt dat de woning in de omgeving wordt geïntegreerd, maar tevens de zonnestraling isoleert en de binnentemperatuur regelt.

Hendelkens Passive House

Hückelhoven, Germany

The house is located on a cliff and faces south to enjoy magnificent views. The roof rises against the slope in order to supply the house with solar thermal energy from the light hitting the south face.

Das Haus befindet sich an einem steilen Abhang und öffnet sich nach Süden hin, von wo man eine herrliche Aussicht genießt. Das Dach erstreckt sich gegenläufig zum Hang, damit das auf der Südseite einfallende Licht das Haus mit thermosolarer Energie versorgen kann.

Cette maison se situe sur un versant très escarpé et donne vers le sud, d'où l'on peut apprécier une très belle vue. Le toit suit l'inclinaison de la pente, afin que la lumière qui arrose la façade sud apporte à l'habitation de l'énergie thermo-solaire.

Het huis staat op een afgrond en kijkt uit op het zuiden, waar men kan genieten van een prachtig uitzicht. Het dak verheft zich tegen de helling, zodat de zonnestraling die op het zuiden valt de woning van thermische zonne-energie voorziet.

Rongen Architekten
www.rongen-architekten.de
© Rongen Architekten

Wood, brick, glass, and steel / Bois, brique, verre et acier / Holz, Ziegel, Glas und Stahl / Hout, baksteen, glas en staal

Energy saving, thermal energy, and low energy consumption / Economie d'énergie, énergie thermique et faible consommation d'énergie / Energieersparnis, Wärmeenergie und niedriger Energieverbrauch / Energiebesparing, warmte-energie en laag energieverbruik

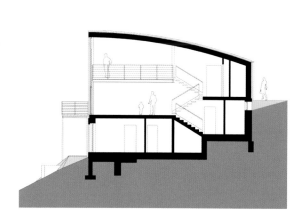

Section

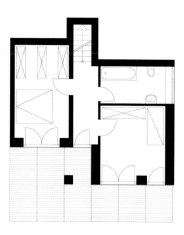

Ground floor plan

Lower level

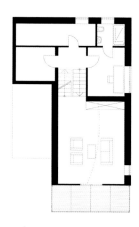

Upper level

"Passive houses" need little heat energy, and become self-sufficient by means of an active heat system operating throughout the year.

Die „Passivhäuser" benötigen wenig Wärmeenergie und können sich mit Hilfe eines aktiven Wärmesystems das ganze Jahr hindurch selbst versorgen.

Les « maisons passives » requièrent peu d'énergie calorique et peuvent s'auto-alimenter toute l'année grâce à un système de chaleur active.

De "passieve huizen" hebben weinig warmte-energie nodig en zijn het hele jaar door zelf-voorzienend via een actief warmtesysteem .

Stormanns Passive House

Hückelhoven, Germany

This house, built according to energy efficiency criteria, uses almost 80% less solar thermal energy than typical low-energy dwellings. It features a controlled ventilation system and a supplementary air-heating system.

Dieses Haus wurde nach Kriterien der Energieeffizienz gebaut und verbraucht nahezu 80% weniger thermosolare Energie als herkömmliche Energiespar-Häuser. Es verfügt über ein gesteuertes Luftzirkulationssystem und zusätzlich über ein Lufterwärmungssystem.

Cette maison, construite selon des critères d'efficience énergétique, emploie près de 80 % d'énergie solaire thermique en moins que les maisons basse consommation habituelles. Elle possède un système de ventilation contrôlé et un système de chauffage supplémentaire.

Dit volgens de criteria van energie-efficiëntie gebouwde huis gebruikt bijna 80% minder thermische zonne-energie dan de gewone energiearme huizen. Het is uitgerust met een gecontroleerd ventilatiesysteem en een aanvullend luchtverwarmingssysteem.

 Rongen Architekten
www.rongen-architekten.de
© Rongen Architekten

 Concrete, wood, glass, brick, and stone / Béton, bois, verre, brique et pierre / Beton, Holz, Glas, Ziegel und Stein / Beton, hout, glas, baksteen en steen

 Energy saving, thermal energy, and low energy consumption / Economie d'énergie, énergie thermique et faible consommation d'énergie / Energieersparnis, Wärmeenergie und niedriger Energieverbrauch / Energiebesparing, warmte-energie en laag energieverbruik

First floor plan

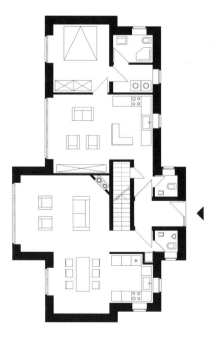

Ground floor plan

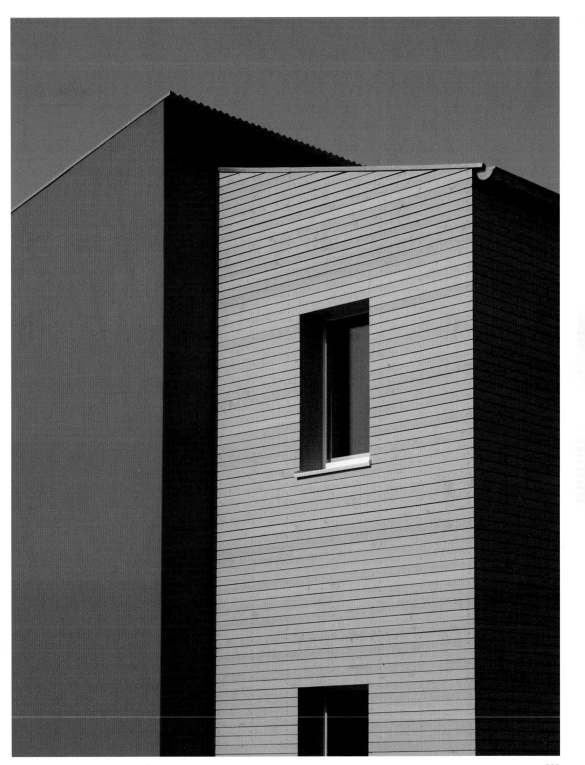

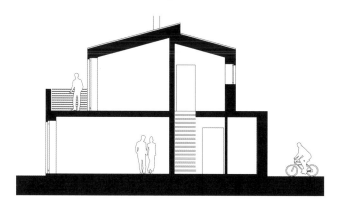

Section

The red render on the façade gives the building a pleasant aspect. The porous concrete
walls serve as thermal insulation.

Der rote Außenputz verleiht dem Gebäude
eine angenehme Atmosphäre. Die Mauern
aus porösem Beton dienen der Wärmedämmung.

Le crépi rouge de la façade confère à l'édifice une ambiance agréable. Les murs en
béton poreux garantissent l'isolation thermique.

Het rode pleisterwerk van de gevel geeft
het gebouw een aangename uitstraling. De
muren van licht beton zorgen voor warmte-
isolatie.

Engels-Houben Passive House

Rurich, Germany

The layout of the external walls in this house is adapted to the site and the incidence of sunlight. While the north and east faces are hidden from solar radiation, the south and west faces open to the garden and the landscape.

Die äußere Wohnungsgestaltung passt sich sowohl ihrem Standort als auch dem Einfall des Sonnenlichts an. Da die Nord- und Ostseite nur wenig Sonneneinstrahlung bekommen, öffnen sich die Süd- und Westseite der Wohnung zum Garten und zur Landschaft hin.

La configuration extérieure de l'habitation s'adapte aussi bien à l'emplacement qu'à l'incidence de la lumière solaire. Alors que les façades nord et est restent relativement privées de lumière solaire, les façades sud et ouest de l'habitation donnent sur le jardin et le paysage.

De buitenkant van de woning past zich zowel aan de lokatie als aan de inval van het zonnelicht aan. Terwijl de noord- en oostzijde verborgen blijven voor de zonnestraling, geven de zuid- en westzijde uit op de tuin en op het landschap.

 Rongen Architekten
www.rongen-architekten.de
© Rongen Architekten

 Concrete, wood, glass, and stone / Béton, bois, verre et pierre / Beton, Holz, Glas und Stein / Beton, hout, glas en steen

 Energy saving, thermal energy, and low energy consumption / Economie d'énergie, énergie thermique et faible consommation d'énergie / Energieersparnis, Wärmeenergie und niedriger Energieverbrauch / Energiebesparing, warmte-energie en laag energieverbruik

Ground floor plan

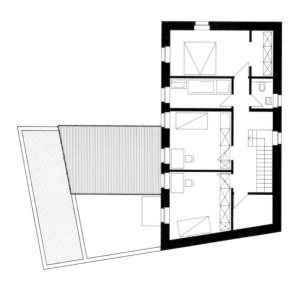

First floor plan

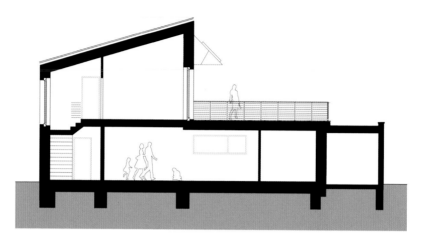

Longitudinal section

This building is open to the garden adjoining its south and west façades. The north and east faces are protected from solar radiation.

Das Gebäude öffnet sich zum Garten hin, also zur Süd- und Westseite. Die Nord- und Ostseite sind vor der Sonneneinstrahlung geschützt.

La bâtisse s'ouvre sur le jardin qui donne sur les façades sud et ouest. Les façades nord et est sont protégées de l'ensoleillement.

Het gebouw kijkt uit over de tuin die aan de zuid- en westgevel ligt. De noord- en oostzijde zijn beschermd tegen de zonnestraling.

Open to the River

Tewantin, Australia

This residence is the result of an abstraction of the prevalent building style in the area, although it features contemporary design and solid geometry. The interior of the house is arranged in a dynamic layout where daily activities take place in a series of spaces.

Die Wohnung ist Ergebnis einer Abstraktion der Bauweise dieser Gegend, obwohl sie durch ihr modernes Design und ihre glatte Geometrie auffällt. Das Innere des Hauses gliedert sich nach einer dynamischen Anordnung, in der die häuslichen Nutzungsfunktionen der Größe nach aufeinanderfolgen.

La maison est le résultat d'une abstraction des constructions de la région, même si elle est singulièrement marquée par son design contemporain et sa solide géométrie. L'intérieur de la maison bénéficie d'une distribution dynamique où les usages domestiques se succèdent sur différents volumes.

De woning is het resultaat van een abstractie van de constructies uit de omgeving, hoewel zij vanwege het hedendaagse ontwerp en haar nadrukkelijke geometrie toch opvalt. Het interieur is op dynamische wijze ingedeeld zodat de huishoudelijke functies in opeenvolgende volumes plaatsvinden.

 Lacoste + Stevenson Architects
www.lacoste-stevenson.com.au
© Brett Boardman

 Wood, sheet, and glass / Bois, papier et verre / Holz, Platten und Glas / Hout, platen en glas

 Maximum use of natural light, cross ventilation, and minimized environmental impact / Utilisation optimale de la lumière naturelle, ventilation croisée et impact environnemental réduit / Maximale Ausnutzung des Tageslichts, Querlüftung und minimale Umweltauswirkung / Maximale benutting van natuurlijk licht, kruisventilatie en minimale impact op het milieu

Floor plan

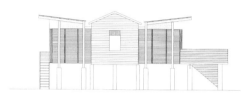

Elevation

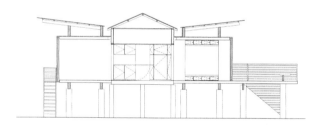

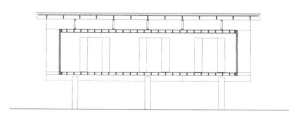

Sections

The spaces of the house flow through sliding
doors that increase the feeling of amplitude.
The house receives natural light through
glazed outer walls.

Les espaces domestiques sont reliés par
des portes coulissantes qui amplifient l'impression d'espace. La maison reçoit une
abondante lumière naturelle grâce aux pa-
rois vitrées.

Die Räume im Haus sind durch Schiebetüren miteinander verbunden, die das Empfin-
den von Geräumigkeit verstärken. Das Haus
erhält dank der verglasten Außenwände
Tageslicht.

De huiselijke ruimten volgen elkaar op door
middel van schuifdeuren die het gevoel van
ruimte verhogen. Het huis krijgt natuurlijk
licht door de beglaasde afsluitingen.

House in Carrascal

Carrascal de la Cuesta, Segovia, Spain

The Segovia landscape takes on core importance in the design of this project by determining the layout and openings of the home. The structure is composed of two boxes. These were perforated depending on the view that was sought.

Die Landschaft von Segovia gewinnt eine zentrale Bedeutung bei der Gestaltung des Projekts, da sie die Anordnung und die Ausrichtung dieser Wohnung vorgibt. Diese werden auf der Basis von zwei schachtelartigen Behältern realisiert, in die entsprechend der gewünschten Sicht Öffnungen eingelassen wurden.

Le paysage de Ségovie revêt une importance capitale dans la conception du projet, puisqu'il détermine la distribution et l'emplacement des ouvertures de la maison. La construction est basée sur deux boîtes dont les ouvertures dépendent des vues souhaitées.

Het landschap van de Spaanse provincie Segovia speelt een uiterst belangrijke rol in het ontwerp van het project, daar het de indeling en openingen van de woning bepaalt. Het huis is ontstaan vanuit twee kisten waarin gaten zijn gemaakt op grond van het gewenste uitzicht.

 Mariano Martín
www.marianomartin.com
© Pedro López Cañas

 Locally-sourced wood, locally-sourced sand, glass, concrete / Bois et sable locaux, verre, béton / Holz und Sand aus der Gegend, Glas und Beton / Hout en zand uit de omgeving, glas en beton

 Locally-sourced materials, low energy consumption, and minimized environmental impact / Matériaux locaux, faible consommation d'énergie et impact environnemental réduit / Materialien aus der Gegend, niedriger Energieverbrauch und minimale Umweltauswirkung / Materialen afkomstig uit de omgeving, laag energieverbruik en minimale impact op het milieu

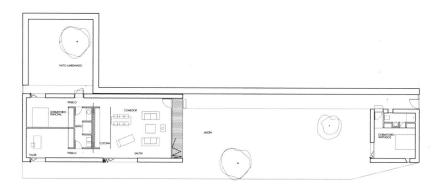

Floor plan

Elevation

Inside, a single polished gray concrete floor runs the length of the house, freeing it from all vertical structures, except for a wall of translucent glass.

A l'intérieur, un sol uni en béton gris poli parcourt toute la maison, sans tenir compte d'aucun élément vertical, sauf une paroi en verre translucide.

Im Inneren durchläuft ein einheitlicher Bodenbelag aus geschliffenem grauem Beton das gesamte Haus, wobei alle senkrechten Parameter ausgelassen wurden, mit Ausnahme einer lichtdurchlässigen Glasplatte.

Binnenin is het hele huis uitsluitend geplaveid met grijs gepolijst beton en zijn alle verticale parameters weggelaten, behalve een doorzichtige ruit.

Single-Family Home in Gauses

Gauses de Dalt, Girona, Spain

This design of this house was conditioned by the square shape of the plot and the local building code forbidding buildings taller than one story. The resulting project was a small house opened out by means of a large porch.

Die Konstruktion dieses Hauses war durch die Eigenschaften des Grundstücks von quadratischem Grundriss und durch die Vorschriften in dieser Gegend vorbestimmt, in der Bauten von mehr als einem Stockwerk verboten sind. Das sich daraus ergebende Projekt ist ein kleines und offenes, nach Art eines Laubengangs gestaltetes Haus.

La construction de cette maison était prédéterminée par les caractéristiques du terrain carré, et par les réglementations locales qui interdisaient les constructions de plus d'un étage. Le projet qui en résulte est une petite maison ouverte comme une grande véranda.

De bouw van deze woning werd van tevoren bepaald door de eigenschappen van het vierkante perceel en door verordeningen van de streek, die bouwwerken van meer dan een verdieping verbieden. Het resulterende project is een klein huis met een grote veranda.

 Esteve Terrades
www.arquitectes.coac.net/
terradasarquitectes
© Jordi Casona

 Wood, concrete, and glass / Bois, béton et verre / Holz, Beton und Glas / Hout, beton en glas

 Maximum use of natural light, cross ventilation, and low energy consumption / Utilisation optimale de la lumière naturelle, ventilation croisée et faible consommation d'énergie / Maximale Ausnutzung des Tageslichts, Querlüftung und niedriger Energiegverbrauch / Maximale benutting van natuurlijk licht, kruisventilatie en laag energieverbruik

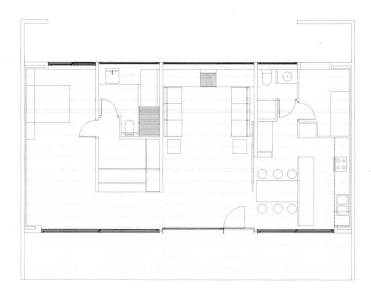

Floor plan

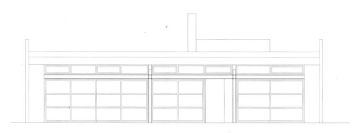

Elevation

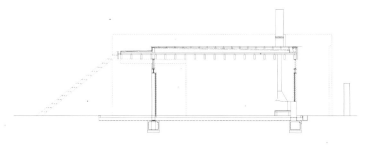

Section

With a mind to possible extensions to the home, a separation of 3 m was left after the aluminum sliding doors.

Trois mètres de séparation ont été laissés par rapport aux portes coulissantes en aluminium pour une future extension de l'habitation.

Mit Blick auf eine zukünftige Erweiterung der Wohnung wurden 3 m Abstand zu den Schiebetüren aus Aluminium belassen.

Er werd een afstand van 3 m in acht genomen ten opzichte van de aluminium schuifdeuren voor een toekomstige uitbreiding van de woning.

The Wave House

Energy saving and passive climate control were priority elements of the design of this residence. The house has a dual design: it is a beach house and urban dwelling at the same time.

Die Energieersparnis und die passive Klimatisierung waren die wesentlichen Forderungen beim Entwurf dieses Wohnsitzes. Das Haus weist ein duales Design auf: Es handelt sich um ein Haus am Strand, das gleichzeitig eine städtische Wohnung ist.

L'économie d'énergie et la climatisation passive ont été les conditions primordiales pour la conception de cette résidence. La maison affiche un design duel : il s'agit d'une maison de plage qui est en même temps une habitation urbaine.

Energiebesparing en passieve klimaatregeling waren de belangrijkste eisen voor het ontwerp van deze woning. Het huis heeft een tweeledig ontwerp: het is tegelijkertijd strandhuis en stadswoning.

 Tony Owen NDM
www.tonyowen.com.au
© Brett Boardman

 Concrete, stainless steel, and glass / Béton, acier inoxydable et verre / Beton, Edelstahl und Glas / Beton, roestvrij staal en glas

 Passive solar energy, maximum use of natural light, and faucets with water saving systems / Energie solaire passive, utilisation optimale de la lumière naturelle et robinets avec dispositif d'économie d'eau / Passive Sonnenenergie, maximale Ausnutzung des Tageslichts und Wasserhähne mit Wassersparsystem / Passieve zonne-energie, maximale benutting van natuurlijk licht en kranen met waterbesparingssystemen

North elevation

East elevation

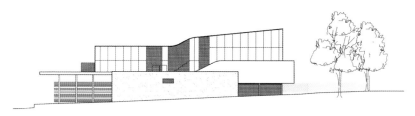

South elevation

West elevation

The concrete floor slabs act as thermal mass, necessary for winter nights. The interrelation between exterior and interior is maximized throughout the house.

Les dalles en béton agissent comme une masse thermique, nécessaire pour les nuits d'hiver. Dans toute l'habitation, le lien entre l'extérieur et l'intérieur a été maximisé.

Die Betonplatten fungieren als thermische Masse, die in Winternächten erforderlich ist. In der gesamten Wohnung wird die Wechselbeziehung zwischen Außen und Innen maximiert.

De betonnen tegels fungeren als thermische massa die nodig is voor de winternachten. In de gehele woning wordt de relatie tussen binnen en buiten gemaximaliseerd.

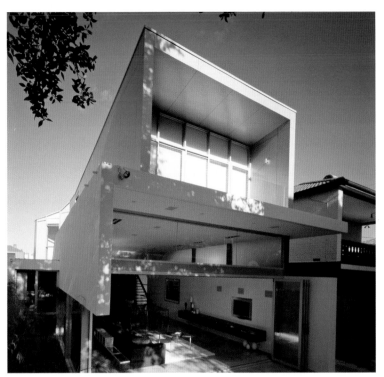

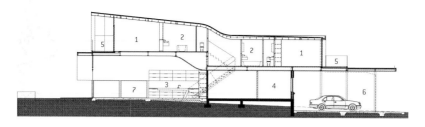

North-south section

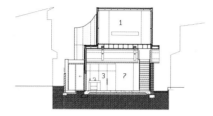

East-west section

1. Bedroom
2. Bathroom
3. Kitchen
4. Study
5. Terrace
6. Garage
7. Living area

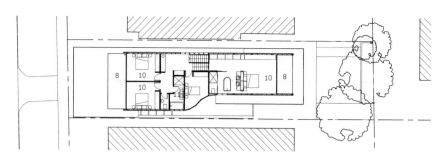

Upper level

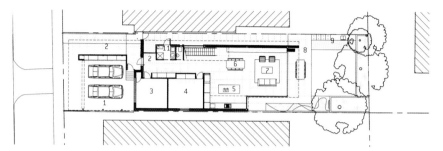

Lower level

1. Garage
2. Entrance
3. Study
4. Game room
5. Kitchen
6. Dining room
7. Living area
8. Terrace
9. Platform
10. Bedroom
11. Bathroom

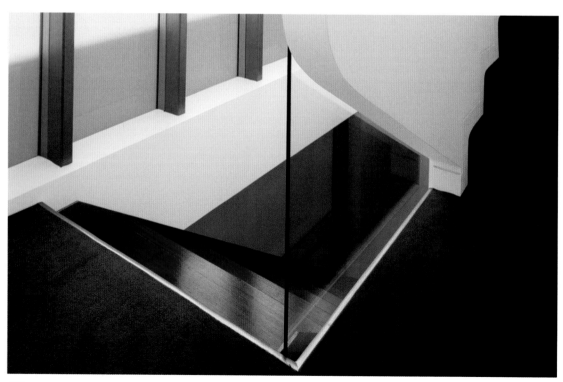

Greenfield Residence

California, USA

One of the most outstanding aspects of this residence is the original way different materials were used. For example, the stairs are covered in the blue rubber normally used for coating the handles of hammers.

Eines der herausragensten Details dieses Wohnsitzes ist die Originalität bei der Verwendung der verschiedenen Materialien. So sind z.B. die Treppen mit einem blauen Gummi verkleidet, das man normalerweise bei der Herstellung von Griffen für Hammer verwendet.

L'un des détails les plus remarquables de cette demeure c'est l'originalité dans l'utilisation des divers matériaux. Par exemple, les escaliers se trouvent habillés d'un caoutchouc bleu, habituellement employé pour fabriquer les manches des marteaux.

Eén van de opvallendste details van deze woning is het originele gebruik van de verschillende materialen. Bijvoorbeeld, de trappen zijn bekleed met een blauw rubber dat normaal gesproken wordt gebruikt voor de vervaardiging van handvatten van hamers.

 Minarc Architects
www.minarc.com
© Erla Dögg Ingjaldsdóttir,
Ralph Seeberger, Bragi Joseffson

 Concrete, wood, glass, and stone /
Béton, bois, verre et pierre / Beton,
Holz, Glas und Stein / Beton, hout, glas
en steen

 Maximum use of natural light, radiant floor heating, and faucets with water saving systems / Utilisation optimale de la lumière naturelle, chauffage au sol radiant et robinets avec dispositif d'économie d'eau / Maximale Ausnutzung des Tageslichts, Fußbodenheizung und Wasserhähne mit Wassersparsystem / Maximale benutting van natuurlijk licht, vloerverwarming en kranen met waterbesparingssystemen

Materials such as wooden slats were used in combination with concrete panels on the façade. Large glazed openings allow ample natural light into the house.

Für die Außenwand des Hauses wurden Materialien wie Holzdielen in Verbindung mit Betonpaneelen verwendet. Die Schaffung großer Treppenfenster fördert den Einzug von Tageslicht.

Pour la façade de la maison, on a utilisé des matériaux comme des planches en bois et des panneaux en béton. La création de grandes baies vitrées permet de faire pénétrer plus de lumière naturelle.

Op de gevel van het huis zijn materialen gebruikt als houten lamellen gecombineerd met betonplaten. De creatie van grote ramen zorgt voor een optimale natuurlijke lichtinval.

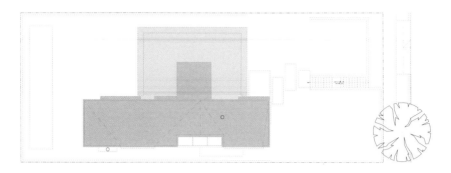

Site plan

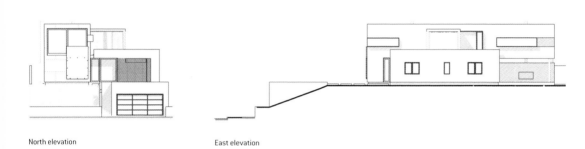

North elevation

East elevation

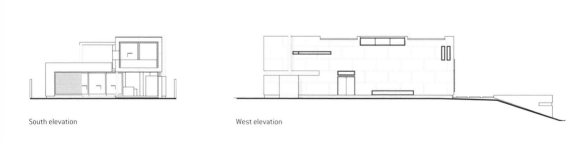

South elevation

West elevation

Upper level

1. Bedroom
2. Bathroom
3. Kitchen
4. Dining room
5. Living area
6. Lounge
7. Terrace

Lower level

House in Gerês

Vieira do Minho, Portugal

This project involved the reconstruction of an old dry stone building and the construction of a new structure on a site located in a protected natural area. The site had a steep slope and trees that were to be conserved.

Das Projekt bestand aus der Rekonstruktion eines alten Gebäudes aus Stein und in der Konstruktion eines neuen Baukörpers auf einem Grundstück, das innerhalb eines Naturschutzgebiets liegt. Der Ort wies ein starkes Gefälle und einen Baumbestand auf, der erhal-ten werden musste.

Le projet consistait en la reconstruction d'un vieil édifice en pierre et la construction d'un nouveau volume sur un terrain situé dans une zone naturelle protégée. Le site présentait un fort dénivelé et un bois qui devait être préservé.

Het project bestaat uit de restauratie van een oud stenen gebouw en uit de bouw van een nieuwe ruimte op een stuk grond dat zich binnen een beschermd natuurgebied bevindt. De plek was erg steil en er stonden vele bomen die bewaard moesten blijven.

 Correia/Ragazzi Arquitectos
www.correiaragazzi.com
© Alberto Plácido, Juan Rodríguez

 Reinforced concrete, stone, and glass / Béton armé, pierre et verre / Verstärkter Beton, Stein und Glas / Gewapend beton, steen en glas

 Passive energy, energy saving systems, cross ventilation, faucets with water saving systems, and minimized environmental impact / Energie passive, systèmes d'économie d'énergie, ventilation croisée, robinets avec dispositif d'économie d'eau et impact environnemental réduit / Passive Energie, Energiesparsysteme, Querlüftung, Wasserhähne mit Wassersparsystemen und minimale Umweltauswirkung / Passieve energie, energiebesparingssystemen, kruisventilatie, kranen met waterbesparingssystemen en minimale impact op het milieu

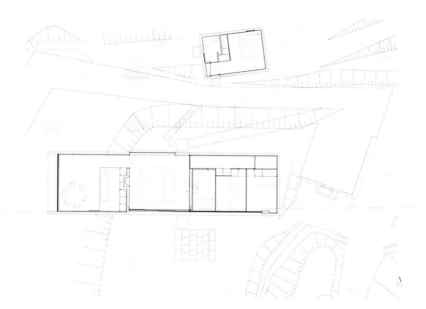

Floor plan

North elevation

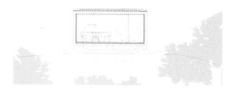

South elevation

West elevation

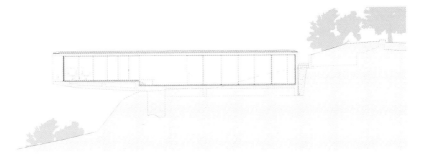

B-B section

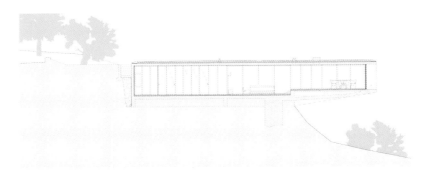

A-A section

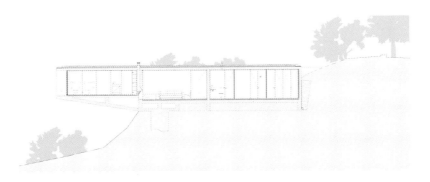

C-C section

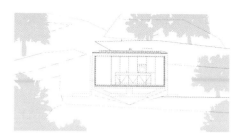

D-D section

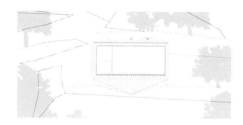

E-E section

I-I section

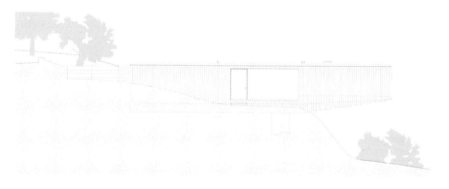

J-J section

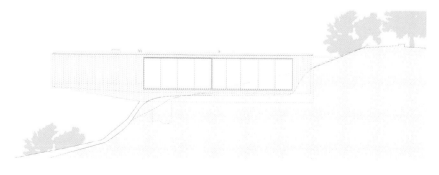

L-L section

The building nestles among the trees and overhangs from the hillside supported by a reinforced concrete pedestal. The only horizontal surface is the interior of the house.

Das Gebäude ist zwischen die Bäume eingefügt und ragt dank seines Sockels aus Stahlbeton aus dem Abhang hervor. Die einzige waagerechte Fläche ist das Wohnungsinnere.

Le volume est encastré entre les arbres et se détache du versant grâce à un piédestal en béton armé. L'intérieur de la maison est la seule surface horizontale.

Het huis staat tussen de bomen en steekt boven de helling uit dankzij een voetstuk van gewapend beton. Het enige horizontale oppervlak is het interieur van het huis.

Ehrlich Residence

Santa Monica, California, USA

One of the requirements of the owners was to make full use of the south façade to enhance light penetration in winter and to provide cross ventilation in summer. Another condition was that living spaces had to open onto the garden.

Eine der Forderungen der Bewohner war, maximalen Nutzen aus der Südseite zu ziehen, indem der Einfall von Sonnenlicht im Winter verbessert und die Durchlüftung im Sommer ermöglicht wurde. Eine weitere Auflage war die Schaffung von Aufenthaltsbereichen Richtung Garten.

L'une des exigences des occupants était de tirer le meilleur parti possible de la façade sud, en favorisant la pénétration de la lumière en hiver et en facilitant la ventilation croisée pendant l'été. La création de pièces ouvertes sur le jardin constituait une autre exigence.

Een van de vereisten van de bewoners was de zuidgevel maximaal te benutten voor het binnenvallen van zonlicht in de winter en kruisventilatie te bevorderen tijdens de zomer. Een andere eis was de kamers op de tuin te laten uitkomen.

 John Friedman Alice Kimm Architects
www.jfak.net
© Benny Chan/Fotoworks

 Plaster, concrete, wood, and cement / Plâtre, béton, bois et ciment / Gips, Beton, Holz und Zement / Gips, beton, hout en cement

 Photovoltaic panels, passive solar energy, convection, thermal mass, solar chimney, and natural materials / Panneaux photovoltaïques, énergie solaire passive, convection, masse thermique, cheminée solaire et matériaux naturels / Photovoltaische Paneele, passive Sonnenenergie, Konvektion, thermische Masse, Sonnenkamin und natürliche Materialien / Zonnepanelen, passieve zonne-energie, convectie, thermische massa, zonneschoorsteen en natuurlijke materialen

The design objective of this dwelling was to generate a continuous space, make the most of natural light, and create a close relationship between interior and exterior.

L'objectif du design de cette maison était de générer un espace continu, de bénéficier de la lumière naturelle et de créer une étroite relation entre l'intérieur et l'extérieur.

Das Ziel beim Entwurf dieses Hauses war die Schaffung eines durchgehenden Raums, die Nutzung von Tageslicht und eine enge Beziehung zwischen Innen und Außen herzustellen.

Het doel van het ontwerp van dit huis was een continue ruimte te scheppen, het natuurlijke licht te benutten en een nauwe band tussen binnen en buiten te creëren.

Ground floor plan

Roof plan

First floor plan

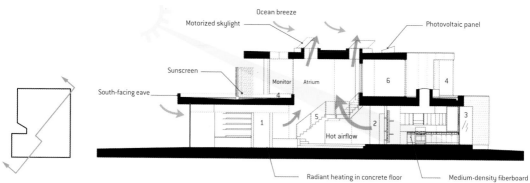

Ocean breeze

Motorized skylight

Photovoltaic panel

Sunscreen

South-facing eave

Monitor | Atrium

6

4

4

Hot airflow

1

5

2

3

Radiant heating in concrete floor

Medium-density fiberboard

Bio-climatic section

1. Office
2. Dining
3. Kitchen
4. Terrace
5. Stair/atrium
6. Master bedroom

(33°) Angle of sun able to go through void X < 83 ºC

(38°) Dec. 21, 12 pm (LOWEST DECLINATION)

(44°) Jan. 15, 12 pm

(82°) June 21, 12 pm (HIGHEST DECLINATION)

N

38°   44°   82°

☐ Void

■ Sun fall-off area

Sun analysis diagram

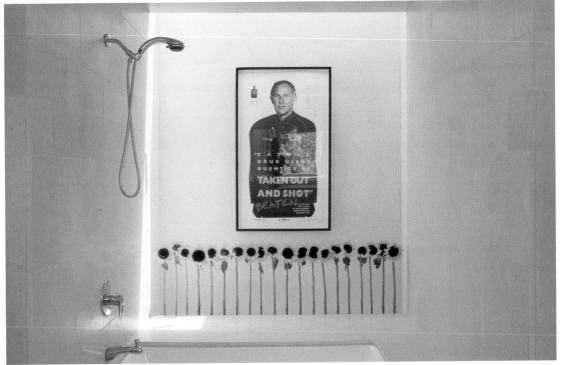

Leblanc House

West Vancouver, Canada

The philosophy behind this project was to preserve the past in order to ensure the future. This is how the architects defend the remodeling of an old house instead of demolishing it, their purpose being to make important savings in materials and energy, and to extend the useful life of the project.

Die Philosophie dieses Projekts war, die Vergangenheit festzuhalten, um damit die Zukunft zu bewahren. Die Architekten verteidigen auf diese Weise die Erneuerung eines alten Wohnsitzes vor dem Abriss mit dem Ziel, Material und Energie zu sparen und die Lebensdauer des Projekts zu verlängern.

La philosophie de ce projet était de retenir le passé pour mieux préserver l'avenir. Les architectes défendent ainsi le projet de rénovation d'une ancienne demeure plutôt que sa démolition afin d'économiser en matériaux et en énergie et allonger la vie utile du projet.

De filosofie van dit project was het verleden te behouden om zo de toekomst te beschermen. De architecten verdedigen op deze manier de renovatie van een oude woning om de sloop ervan te voorkomen, teneinde op materiaal en energie te besparen en de levensduur van het project te verlengen.

 Peter Cardew Architects
www.cardew.ca
© Peter Cardew, Sarah Murray

 Brick, concrete, wood, and glass / Brique, béton, bois et verre / Ziegel, Beton, Holz und Glas / Baksteen, beton, hout en glas

 Passive solar energy, durability of materials and respect for traditional local building styles / Energie solaire passive, durabilité des matériaux et respect des styles traditionnels de construction de la région / Passive Sonnenenergie, Langlebigkeit der Materialien und Berücksichtigung der traditionellen Bauweise der Gegend / Passieve zonne-energie, duurzaamheid van de materialen en respect voor de traditionele bouwstijlen uit de streek

The most significant changes made were
fitting more efficient windows, improving
thermal insulation, and installing a radiant
floor heating system.

Les changements les plus significatifs ont
consisté en l'installation de fenêtres plus
efficientes, l'amélioration de l'isolation thermique et la mise en place d'un chauffage
radiant au sol.

Die wichtigsten Veränderungen waren der
Einbau von effizienteren Fenstern, die Ver-
besserung der Wärmedämmung und das
Verlegen einer Fußbodenheizung.

De voornaamste veranderingen waren de
installatie van efficiëntere ramen, de verbe-
tering van de warmte-isolatie en de aanleg
van vloerverwarming.

First floor plan
(new configuration)

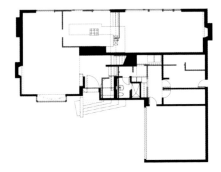

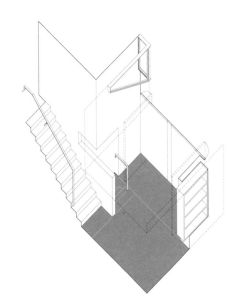

Ground floor plan (new configuration)   Stair diagram

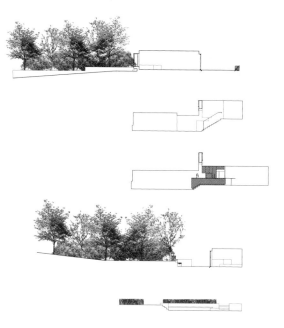

Sections

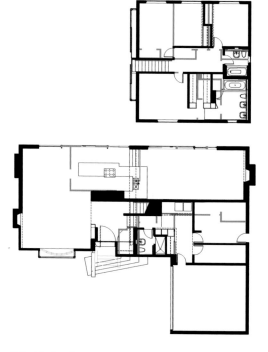

Before/after floor plans

Livingscape

Warkworth, New Zealand

In addition to the integration of vegetation with the building, the architect's aim was to apply alternative technologies, such as recycling and materials such as bricks and bottles mixed with mortar, used for wall construction.

Zusätzlich zur Einbeziehung der Vegetation in das Gebäude war die Aufgabe des Architekten, alternative Technologien anzuwenden, wie z.B. die Wiederaufbereitung und Verwendung von Materialien wie mit Mörtel vermischten Ziegelsteinen und Flaschen zur Wandgestaltung.

En plus d'intégrer la végétation à l'édifice, l'objectif de l'architecte était d'appliquer des technologies alternatives telles que le recyclage et l'utilisation de matériaux comme des briques et des bouteilles mélangées avec du mortier, employés pour la construction du mur.

Naast het integreren van de vegetatie wou de architect eveneens alternatieve technologieën zoals recycling toepassen en in de constructie van de wand materialen aanwenden zoals bakstenen en flessen vermengd met mortel.

 Graeme North Architects
www.ecodesign.co.nz
© Graeme North Architects

 Brick, bottles, mortar cement, and wood / Brique, bouteilles, mortier de ciment et bois / Ziegel, Flaschen, Mörtel und Holz / Baksteen, flessen, mortel en hout

 Recycled construction materials, bio-climatic design, minimized environmental impact, and low energy consumption / Matériaux de construction recyclés, conception bioclimatique, impact environnemental réduit et faible consommation d'énergie / Wiederaufbereitete Baumaterialien, bioklimatisches Design, minimale Umweltauswirkung und niedriger Energieverbrauch / Gerecyclede bouwmaterialen, bioklimatologisch ontwerp, minimale impact op het milieu en laag energieverbruik

Recycling objects plays a significant part in these projects, for example, in the use of bottles in decoration.

Le recyclage d'objets joue un rôle important dans ces projets, comme par exemple, par l'utilisation de bouteilles pour la décoration.

Die Wiederverwendung von Gegenständen spielt bei diesen Projekten eine wichtige Rolle, so z.B. die Verwendung von Flaschen als Verzierung.

Het recyclen van voorwerpen speelt een belangrijke rol in deze projecten. Zo worden bijvoorbeeld flessen in de decoratie gebruikt.

Riera House

Sant Andreu de Llavaneres, Barcelona, Spain

The challenge for the architects was to create a house making use of natural insulation and cooling, and that was open-plan and comfortable at the same time. Both aims were accomplished by taking advantage of thermal mass.

Die Herausforderung an die Architekten war die Schaffung eines Hauses, das Nutzen aus den Eigenschaften der natürlichen Isolierung und Kühlung zieht und gleichzeitig hell und wohnlich ist. Beide Ziele wurden durch Nutzung der Thermomasse erreicht.

Le défi des architectes a été de créer une maison capable de tirer parti des propriétés de l'isolation naturelle et de la réfrigération et qui soit, en même temps, lumineuse et confortable. Ces deux objectifs ont pu être atteints en mettant à profit la masse thermique.

De uitdaging van de architecten bestond erin een huis te ontwerpen dat zou profiteren van de eigenschappen van de natuurlijke isolatie en koeling en dat tegelijkertijd lichtdoorlatend en comfortabel zou zijn. Beide doelstellingen werden bereikt door de thermische massa te benutten.

 Estudio BC Arquitectos
www.bcarquitectos.com
© Luis Casals

 Concrete, brick, wood, and locally-sourced materials / Béton, brique, bois et matériaux locaux / Beton, Ziegel, Holz und Materialien der Gegend / Beton, baksteen, hout en materialen afkomstig uit de omgeving

 Passive solar energy, low energy consumption, bio-climatic design, and minimized environmental impact / Energie solaire passive, faible consommation d'énergie, conception bioclimatique et impact environnemental réduit / Passive Sonnenenergie, niedriger Energieverbrauch, bioklimatisches Design und minimale Umweltauswirkung / Passieve zonne-energie, laag energieverbruik, bioklimatologisch ontwerp en minimale impact op het milieu

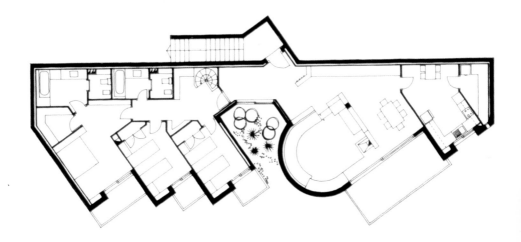

Floor plan

The layout of windows and doors allows natural ventilation by allowing cool sea breezes to enter.

Die Anordnung der Fenster und Türen ermöglicht die natürliche Luftzirkulation und erlaubt das Einfangen der frischen Meeresbrise.

La disposition des fenêtres et des portes assure la ventilation naturelle, ce qui permet de profiter des douces brises marines.

De opstelling van de ramen en deuren maakt een natuurlijke ventilatie mogelijk waardoor de frisse zeebries kan doorstromen.

Rubissow Farmhouse

Napa Valley, California, USA

This project was created as a case study on ecological design, sustainability and urban ecology. The farm combines a number of architectural features under the one roof. The main rooms face south in order to improve exposure to the sun.

Das Projekt wurde als Lehrbeispiel für ökologisches Design, Nachhaltigkeit und urbane Ökologie konzipiert. Der Bauernhof verbindet in ein und demselben Gebäude verschiedene architektonische Merkmale. Die Haupträume sind für den verbesserten Lichteinfall nach Süden gerichtet.

Le projet a été conçu comme un cas d'étude sur le design écologique, la durabilité et l'écologie urbaine. Cette ferme abrite plusieurs caractéristiques architecturales sous un même toit. Les chambres principales sont orientées vers le sud pour renforcer l'exposition solaire.

Het project werd ontworpen als case-study over milieuvriendelijk ontwerp, duurzaamheid en stadsecologie. De boerderij combineert diverse architectonische kenmerken onder één dak. De hoofdvertrekken zijn op het zuiden georiënteerd om de blootstelling aan de zon te verbeteren.

 Okamoto Saijo Architecture
www.os-architecture.com
© Janet Delaney

 Wood, aluminum, iron, stone and glass / Bois, aluminium, fer, pierre et verre / Holz, Aluminium, Eisen, Stein und Glas / Hout, aluminium, ijzer, steen en glas

 Recycled materials, energy saving, bio-climatic design, and minimized environmental impact / Matériaux recyclés, économie d'énergie, conception bioclimatique et impact environnemental réduit / Wiederverwertete Materialen, Energieersparnis, bioklimatisches Design, minimale Umweltauswirkung / Gerecyclede materialen, energiebesparing, bioklimatologisch ontwerp, minimale impact op het milieu

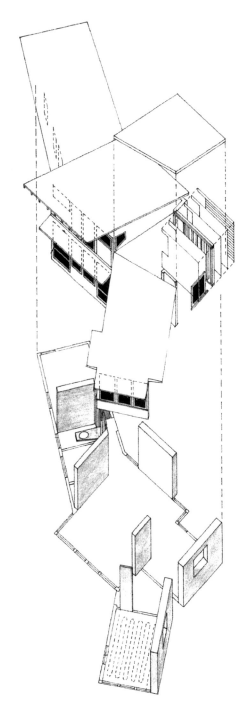

Exploded view

The strategic placement of skylights is designed to ensure natural ventilation of the building.

Des fenêtres ont été stratégiquement disposées au plafond afin de garantir la ventilation naturelle du bâtiment.

Die strategische Anordnung der Dachfenster dient zur Gewährleistung einer natürlichen Gebäudedurchlüftung.

De strategische opstelling van de dakramen is bedoeld om de natuurlijke ventilatie van het gebouw te garanderen.

House in Redondo Beach

Redondo Beach, California, USA

The structure of this suburban house is based on a standard ISO shipping container 40 ft in length. The reuse of eight containers of this type creates a flexible structure for a dwelling.

Die Struktur dieser in einem Vorort gelegenen Wohnung beruht auf der Form eines 12 m langen ISO-Fracht-Containers. Die Wiederverwendung von acht dieser Container erzeugt eine flexible Wohnstruktur.

La structure de cette habitation située en périphérie est basée sur le modèle d'un *container* ISO de type Cargo de 12 m de longueur. La réutilisation de huit de ces conteneurs crée une structure habitable flexible.

De constructie van deze in een voorstad gelegen woning is gebaseerd op een 12 m lange ISO-vrachtcontainer. Het hergebruik van acht van deze containers zorgt voor een flexibele woningconstructie.

DeMaria Design Associates
www.demariadesign.com
© Andre Movsesyan,
Christian Kienapfel

Recycled cargo shipping containers / Conteneurs pour transport de marchandises recyclés / Wiederverwertete Container von Frachtschiffen / Gerecyclede containers voor vrachtschepen

Bio-climatic design, energy saving, and minimized environmental impact / Conception bioclimatique, économie d'énergie et impact environnemental réduit / Bioklimatisches Design, Energieersparnis und minimale Umweltauswirkung / Bioklimatologisch ontwerp, energiebesparing en minimale impact op het milieu

The living area has a maximum height of 20 ft and is separated from the exterior by folding glass doors.

Das Wohnzimmer hat eine maximale Höhe von 6 m und wird nach außen durch verglaste Klapptüren geschlossen.

Le salon a une hauteur maximum de 6 m et il est fermé à l'extérieur au moyen de portes battantes vitrées.

De zitkamer heeft een maximumhoogte van 6 m en is aan de buitenkant afgesloten door beglaasde klapdeuren.

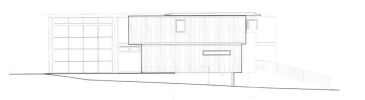

North elevation

East elevation

South elevation

West elevation

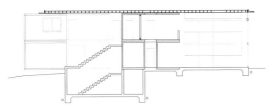

Longitudinal section

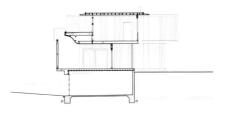

Cross section

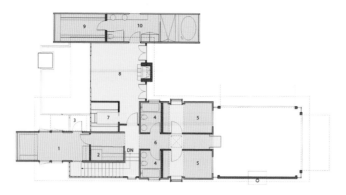

Second floor plan

1. Library
2. Laundry
3. Balcony
4. Bathroom
5. Bedroom
6. Hallway
7. His closet
8. Master bedroom
9. Her closet
10. Master bathroom

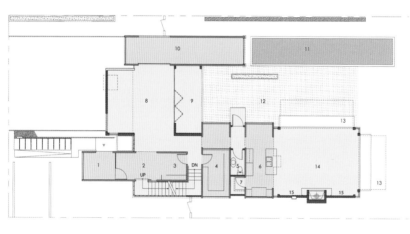

First floor plan

1. Porch
2. Foyer
3. Storage
4. Mud room
5. Powder room
6. Kitchen
7. Pantry
8. Artist studio
9. Covered porch
10. Outdoor room
11. Container pool
12. Court yard
13. By-folding doors
14. Living room
15. Rock climbing wall

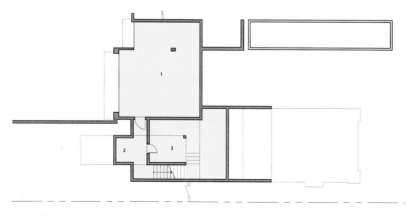

Basement plan

1. Garage
2. Closet
3. Hobby room

Mini Home

Vancouver, Canada

This 345 ft² home was designed to consume minimal electricity. Wheels enable it to be taken anywhere, whether to a private plot or a recreational area. It has three spaces: kitchen/dining room, living area, and bedrooms.

Dieses Haus von 32 m² wurde entworfen, um den Stromverbrauch zu minimieren. Dank seiner Räder kann es an jeden beliebigen Ort verlegt werden, egal ob es sich hierbei um ein Privatgelände oder ein Erholungsgebiet handelt. Es besitzt drei Bereiche: Küche mit Esszimmer, Wohnzimmer und Schlafzimmer.

Cette maison de 32 m² a été conçue pour minimiser la consommation d'électricité. Grâce à ses roues, elle peut être déplacée n'importe où, que ce soit sur un terrain privé ou une zone de loisirs. Elle comprend trois zones principales : la cuisine et la salle à manger, le salon, et les chambres.

Dit huis van 32 m² is ontworpen om het elektriciteitsverbruik te minimaliseren. Dankzij de wielen kan het huis overal naartoe gereden worden, ongeacht of het nu om een privéterrein of een recreatiezone gaat. Het bestaat uit drie zones: de keuken en eetkamer, de woonkamer en de slaapkamers.

 Daniel Hall and Andy Thompson/ Sustain Design Studio
www.sustain.ca
© Sustain Design Studio

 Metal, stainless steel, wood, glass, and iron / Métal, acier inoxydable, bois, verre et fer / Metall, Edelstahl, Holz, Glas und Eisen / Metaal, roestvrij staal, hout, glas en ijzer

 Photovoltaic panels and low energy consumption / Panneaux photovoltaïques et faible consommation d'énergie / Photovoltaische Paneele und niedriger Energieverbrauch / Zonnepanelen en laag energieverbruik

Render

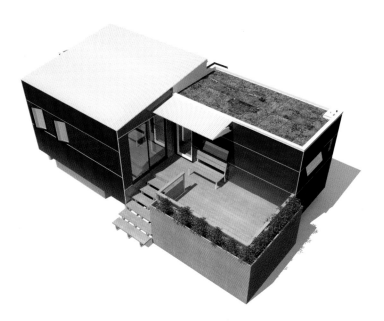

Render

Mini Home is available in two models: one has rooms separated into compartments, and the other has the option of a roof garden.

Das Haus Mini Home ist in zwei Modellen lieferbar: In einem sind die Schlafzimmer durch Trennwände getrennt, beim anderen kann man auf dem Dach einen Garten einrichten.

La maison Mini Home est disponible en deux modèles : dans l'un, les chambres sont séparées par des compartiments, et dans l'autre, on peut installer un jardin sur le toit.

De Mini Home is verkrijgbaar in twee modellen: in het ene model zijn de kamers gescheiden door wanden en bij het andere model kan op het dak een tuin worden aangelegd.

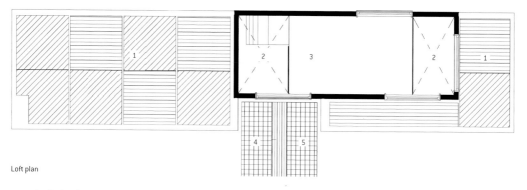

Loft plan

1. Roof garden
2. Open to below
3. Backstairs to loft
4. Solar 1
5. Solar 2

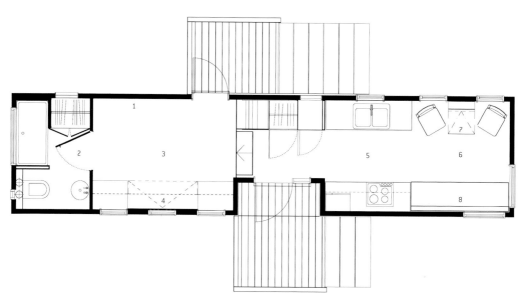

Floor plan

1. Skypard sofa-bed
2. Bathe
3. Dream
4. Fold-up desk
5. Create
6. Entertain
7. Fold-down table
8. Custom Davenport

Levis House

Vandorno, Italy

The house was designed as an extension to a country residence. The project design was governed by criteria of flow and structural restraint. From the outside, a structure created from fir wood frames encloses the volume and brings vertical contrast to the markedly horizontal lines of the building.

Das Haus ist als Erweiterung eines Landhauses entworfen worden. Das Projekt richtet sich nach Kriterien der Strömungslehre und der formalen Strukturmäßigung. Von außen schließt eine Struktur aus Tannenholzrahmen das Gebäude ein und steuert der vorherrschenden Horizontalität Vertikalität bei.

La maison a été conçue comme extension d'une habitation rurale. Le projet mis en place obéit à des critères de fluidité et de maintien de la forme de la structure. Depuis l'extérieur, une structure élaborée à partir de cadres en bois de sapin ferme le volume et fournit une certaine verticalité à un plan horizontal bien marqué.

Het huis is ontworpen als uitbreiding van een plattelandswoning. Het project is gebaseerd op criteria van soepelheid en formele beheersing van de structuur. Aan de buitenkant omsluit een constructie van sparrenhouten lijsten het gebouw, wat voor verticalisme zorgt binnen het uitgesproken horizontalisme.

 Davide Volpe and UdA Studio
www.uda.it
© Emilio Conti

 Wood, glass, concrete, and iron / Bois, verre, béton et fer / Holz, Glas, Beton und Eisen / Hout, glas, beton en ijzer

 Maximum use of natural light, energy saving, and minimized environmental impact / Utilisation optimale de la lumière naturelle, économie d'énergie et impact environnemental réduit / Maximale Ausnutzung des Tageslichts, Energieersparnis und minimale Umweltauswirkung / Maximale benutting van natuurlijk licht, energiebesparing en minimale impact op het milieu

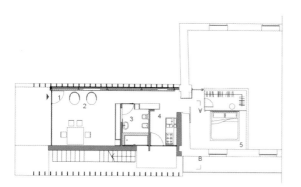

Floor plan

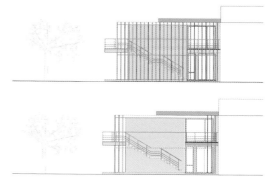

Elevations

A lattice made from fir wood slats acts as a subtle filter that blurs the strong lines of the frame. The glass dining room wall turns the unique landscape into a striking backdrop.

Das Gitterwerk aus Tannenholz-Lamellen wirkt wie ein feiner Filter, der die Wahrnehmung des Strukturrahmens abschwächt. Die verglaste Vorderseite des Esszimmers rahmt eine einzigartige Landschaft ein.

Le grillage en sapin agit comme un filtre subtil qui estompe la perception du cadre de la structure. La baie vitrée de la salle à manger encadre un paysage exceptionnel.

Het rooster van sparrenhouten lamellen fungeert als een fijne filter die de gewaarwording van de omlijsting van de structuur vervaagt. De beglaasde voorzijde van de eetkamer omkadert een uniek landschap.

Claraboya House

Lolland, Denmark

The original design of this house is centered on a pyramid skylight that acts as a focal point and allows light to penetrate the interior. A triangular glass expanse was designed for the main façade to enable the house to be ventilated.

Die ursprüngliche Struktur gründet auf einem pyramidenförmigen Oberlicht, das als zentrale Achse dient und das Licht ins Innere leitet. In die Hauptfassade wurde eine verglaste dreieckige Fläche gearbeitet, die zur Durchlüftung der Wohnung dient.

Sa structure originale repose sur une lucarne pyramidale qui agit comme axe central et conduit la lumière vers l'intérieur. Sur la façade principale, on trouve une surface en verre de forme triangulaire qui permet d'aérer l'habitation.

De originele structuur is gebaseerd op een piramidaal dakvenster dat fungeert als hoofdas en het licht naar binnen leidt. Op de hoofdgevel werd een driehoekig glasvlak ontworpen waardoor de woning kan worden geventileerd.

 Flemming Skude
www.flemmingskude.dk
© Flemming Skude

 Concrete, wood, glass, and steel / Béton, bois, verre et acier / Beton, Holz, Glas und Stahl / Beton, hout, glas en staal

 Passive solar energy, maximum use of natural light, and low energy consumption / Energie solaire passive, utilisation optimale de la lumière naturelle et faible consommation d'énergie / Passive Sonnenenergie, maximale Ausnutzung des Tageslichts und niedriger Energieverbrauch / Passieve zonne-energie, maximale benutting van natuurlijk licht en laag energieverbruik

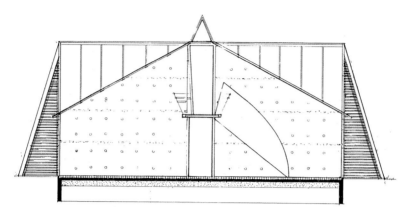

Section

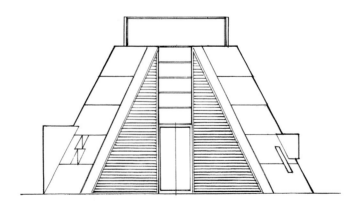

Eastern gable

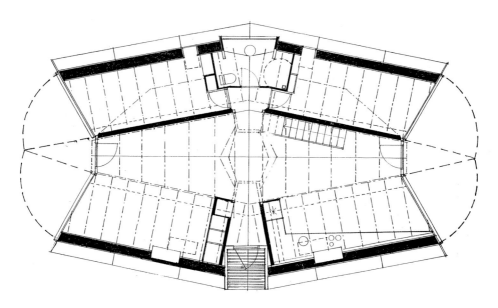

Floor plan

The latticework walls filter the light and create an intimate and peaceful space. Color is used in the interior to bring warmth to the rooms.

Les grilles des fenêtres permettent de tamiser la lumière et créent un espace intime et calme. À l'intérieur, les pièces recherchent la chaleur ambiante nuancée par de la couleur.

Die Gitterstruktur der Außenwände bewirkt die Dämpfung des Lichts und die Schaffung eines intimen und ruhigen Raums. Im Inneren zielen die Aufenthaltsbereiche auf ein warmes Ambiente, das durch Farbe nuanciert wird.

Het rasterwerk van de afsluitingen zorgt ervoor dat het licht wordt gefilterd. Bovendien wordt zo een intieme, rustige ruimte gecreëerd. Binnenin wordt gestreefd naar een gemoedelijke en kleurrijke sfeer.

Summer House in Dyngby

Jylland, Denmark

The idea of escaping from the repetitive patterns typical of coastal residential areas led the architect to design a small box surrounded by climbing plants, which will eventually cover the entire structure.

Mit der Idee, dem monothematischen Schema der Wohnungen sämtlicher Küstenwohnsiedlungen zu entkommen, hat der Architekt eine kleine Schachtel entworfen, die von Kletterpflanzen umhüllt ist, welche mit der Zeit die gesamte Struktur bedecken werden.

Avec l'idée d'échapper au schéma monochromatique caractéristique des habitations des zones résidentielles de la côte, l'architecte a conçu une petite boîte entourée de plantes grimpantes, qui finiront, avec le temps, par recouvrir toute la structure.

Met de bedoeling om te ontsnappen aan het kenmerkende monothematische schema van de woningen in kustgebieden, ontwierp de architect een kleine kist omringd door klimplanten die in de loop van de tijd de gehele constructie zullen bedekken.

 Claus Hermansen
www.lplush.dk
© Anders Kavin

 Wood, reinforced concrete, rock wool / Bois, béton armé et laine de roche / Holz, verstärkter Beton, Steinwolle / Hout, gewapend beton, steenwol

 Low energy consumption, bio-climatic design, and minimized environmental impact / Faible consommation d'énergie, conception bioclimatique, et impact environnemental réduit / Niedriger Energieverbrauch, bioklimatisches Design und minimale Umweltauswirkung / Laag energieverbruik, bioklimatologisch ontwerp en minimale impact op het milieu

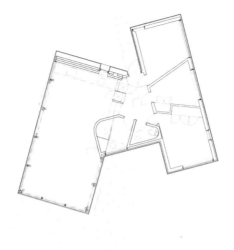

Floor plan

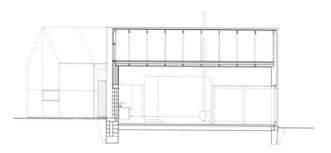

Section

Elevation

The outer walls consist of a wooden frame over a glass-fiber reinforced cement base.

Le mur qui clôt la maison a été réalisé au moyen d'une structure en bois sur une base en béton armé recouverte de laine de roche.

Der Abschluss nach außen wurde mit einer Holzstruktur gelöst, die auf einem Untergrund aus mit Steinwolle verkleidetem Stahlbeton angebracht ist.

De buitenkant bestaat uit een houten structuur op een basis van gewapend beton bekleed met steenwol.

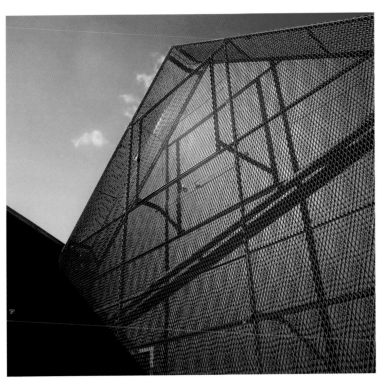

Glidehouse

Novato, California, USA

The frame and finishing of this home include FSC-certified wood and the use of eco-resin with 30% recycled ingredients. No toxic substances were used to treat surfaces.

Die Struktur und die ästhetischen Verfeinerungen dieses Hauses enthalten Holz mit dem Zertifikat des Forest Stewardship Council (FSC) und die Verwendung von Ökoharz mit bis zu 30% recycelten Elementen. Bei der Oberflächenbehandlung wurden keine giftigen Substanzen verwendet.

La structure et les finitions de cette habitation intègrent du bois certifié par le Forest Stewardship Council (FSC) et utilisent de l'éco-résine composée à 30 % de produits recyclés. Aucune substance toxique n'a été utilisée pour le traitement des surfaces.

De structuur en afwerkingen van deze woning bevatten door het Forest Stewardship Council (FSC) gecertificeerd hout en het gebruik van ecologische hars met 30% gerecyclede componenten. Bij de behandeling van de oppervlakken zijn geen giftige stoffen gebruikt.

 Michelle Kaufmann
www.michellekaufmann.com
© John Swain

 Bamboo, recycled glass, wood, and metal / Bambou, verre recyclé, bois et métal / Bambus, wiederaufbereitetes Glas, Holz und Metall / Bamboe, gerecycled glas, hout en metaal

 Photovoltaic panels, energy efficiency, water-saving devices on bathroom fixtures, prefabricated construction / Panneaux photovoltaïques, efficience énergétique, dispositif d'économie d'eau pour les installations de la salle de bains, construction en préfabriqué / Energieeffiziente photovoltaische Paneele, Wassersparsysteme in den Sanitärräumen, Fertigbau und Bauabfälle / Zonnepanelen, energie-efficiënt, waterbesparingssystemen in de toiletruimten, prefabbouw

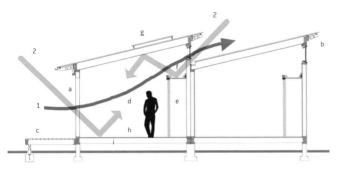

Bio-climatic section

a. Siding-glass-door wall
b. Clerestory windows
c. Outdoor room
d. Indoor living
e. Storage bar with customizable shelving behind sliding wooden doors
f. Up-lighting
g. Solar panels on metal standing-seam roofing
h. Bamboo flooring
i. Energy-efficient insulation
1. Cross ventilation in all the main spaces
2. Balanced daylighting-indirect lighting washes surfaces with light

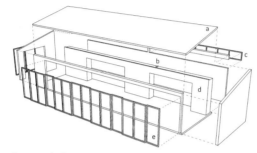

Factory production

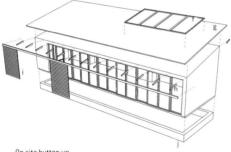

On site button up

Completed Glidehouse

a. Roof structure
b. Hidden up-lighting
c. Clerestory windows
d. Storage bar
e. Siding glass wall
f. Site installed solar panels
g. Site installed standing seam metal roofing
h. Roof brackets
i. Siding wood screens
j. Site built foundation
k. Site built deck

Diagram

All of the parts are factory-made and assembled on site, reducing building time by half.

Toutes les pièces ont été préfabriquées en usine et assemblées sur place, réduisant de moitié le temps de construction nécessaire.

Alle Teile wurden in einer Fabrik vorgefertigt und vor Ort zusammengesetzt, womit die erforderliche Bauzeit auf die Hälfte verkürzt wurde.

Alle onderdelen zijn geprefabriceerd in een fabriek en in situ in elkaar gezet. Zo werd de tijd die voor de bouw nodig is tot de helft gereduceerd.

Floor plan

Les-Gwen McDonald House

Prince Edward Country, Canada

This residence is operational without being connected to the power grid, so it can be considered 100% energy self-sufficient. Most of the energy needed for heating in winter comes from passive solar energy.

Dieses Wohnhaus funktioniert ohne Anschluss an irgendein Versorgungsnetz, sodass man es unter dem energetischen Gesichtspunkt als 100% autark betrachten kann. Im Winter ist der Ursprung des größten Teils der Heizenergie passiv-solarer Art.

Cette habitation fonctionne sans être raccordée à aucun réseau d'approvisionnement, on peut donc considérer qu'elle est autosuffisante à 100 % d'un point de vue énergétique. En hiver, la majeure partie de l'énergie pour le chauffage est d'origine solaire passive.

Deze woning functioneert zonder aangesloten te zijn op een nutsvoorziening. Daarom kan het huis qua energie als 100% zelfvoorzienend worden beschouwd. In de winter wordt het grootste deel van de verwarming door passieve zonne-energie geleverd.

Martin Liefhebber/Breathe Architects
www.breathebyassociation.com
© Martin Liefhebber

Concrete and wood / Béton et bois / Beton und Holz / Beton en hout

Photovoltaic panels, active solar energy, passive solar energy, thermal solar energy, geothermal energy, and green roof / Panneaux photovoltaïques, énergie solaire active et passive, énergie solaire thermique, énergie géothermique et toit vert / Photovoltaische Paneele, aktive Sonnenenergie, passive thermische Sonnenenergie, geothermische Energie und begrüntes Dach / Zonnepanelen, actieve zonne-energie, passieve zonne-energie, thermische zonne-energie, geothermische energie en daktuin

Translucent fiberglass panels were used in the area of the garage to make use of the direct sunlight and reduce electricity use.

Im Garagenbereich wurden lichtdurchlässige Paneele aus Glasfaser zur Nutzung des direkten Sonnenlichts angebracht, um den Stromverbrauch zu verringern.

Des panneaux translucides en fibre de verre ont été installés dans la zone du garage afin d'utiliser la lumière solaire directe et réduire la consommation d'électricité.

In de garage zijn lichtdoorlatende glasvezelplaten aangebracht zodat van het directe zonlicht kan worden geprofiteerd en het stroomverbruik wordt gereduceerd.

Elevation

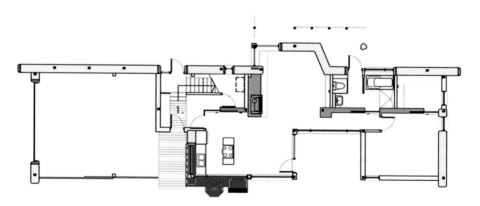

Floor plan

House in El Escorial

El Escorial, Madrid, Spain

This sustainable designer home features the latest technology. Safe and renewable materials, finishes, and furnishings have been used in it. Different passive systems have been incorporated into the project to enhance energy saving.

Diese nach den Kriterien der Nachhaltigkeit konzipierte Design-Wohnung verfügt über die neusten technischen Errungenschaften. In ihrem Inneren hat man sichere und erneuerbare Materialien, Ausstattungen und Möbel benutzt. Um die Energieersparnis zu steigern, wurden verschiedene passive Systeme in das Projekt integriert.

Cette habitation durable et stylée bénéficie des dernières avancées technologiques. Elle présente des matériaux, des finitions et du mobilier sûrs et renouvelables. Pour renforcer l'économie d'énergie, différents systèmes passifs ont été intégrés au projet.

Deze duurzame designwoning is uitgerust met de meest geavanceerde technologieën. Er zijn veilige en hernieuwbare materialen, afwerkingen en meubels gebruikt. Ter bevordering van de energiebesparing zijn verschillende passieve systemen in het project opgenomen.

 Luca Lancini/Fujy
www.fujy.info
© Miguel de Guzmán

 Wood, aluminum, glass, brick, and stone / Bois, aluminium, verre, brique et pierre / Holz, Aluminium, Glas, Ziegel und Stein / Hout, aluminium, glas, baksteen en steen

 Photovoltaic solar energy, passive solar energy, thermal solar energy, rainwater collection and use / Energie solaire photovoltaïque, énergie solaire passive, énergie solaire thermique, collecte et utilisation des eaux de pluie / Photovoltaische Sonnenenergie, passive Sonnenenergie, thermische Sonnenenergie, Nutzung und Sammlung von Regenwasser / Fotovoltaïsche zonne-energie, passieve zonne-energie, thermische zonne-energie, gebruik en opvang van regenwater

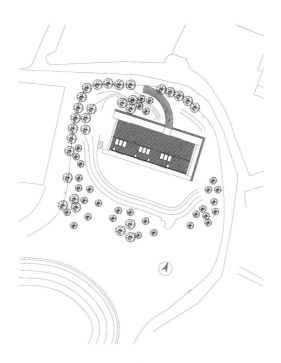

Site plan

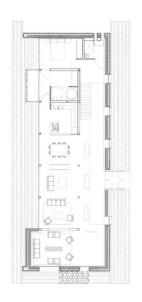

Ground floor plan

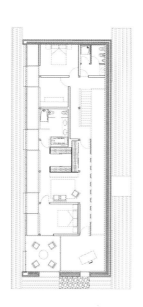

First floor plan

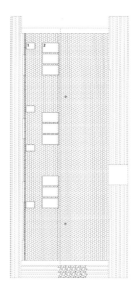

Roof plan plan

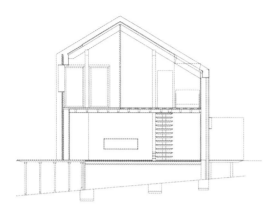
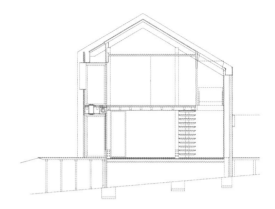

Sections

Hot/cold radiant floors guarantee climate-controlled comfort of the interior spaces.

L'installation d'un sol radiant chaud/froid garantit le confort climatique à l'intérieur.

Der Einsatz von Fußbodenheizung/-Kühlung garantiert den Klimakomfort in den Innen-räumen.

Het gebruik van vloerverwarming en -koeling garandeert klimaatcomfort in het interieur.

Solar House I

Domat/Ems, Switzerland

The house is a self-sufficient bioclimatic building. The east, south and west façades feature photovoltaic panels incorporated into the windows of the upper level. The shell is made of concrete and works like a heat accumulation system.

Das Haus besitzt eine eigenständige Bioklimatik, wobei die Außenwände gen Osten, Süden und Westen mit in den Fenstern des Obergeschosses integrierten Photovoltaik-Platten versehen sind. Der Rohbau ist aus Beton und dient als Energiespeichersystem.

La maison est une construction bioclimatique autosuffisante dont les façades est, sud et ouest comportent des panneaux photovoltaïques intégrés aux baies vitrées de l'étage supérieur. L'ouvrage brute est en béton et sert de système d'accumulation d'énergie.

Het huis is een zelfvoorzienend bioklimatologisch gebouw waarvan de grote ramen van de bovenverdieping op de oost-, zuid- en westgevel zijn uitgerust met zonnepanelen. De ruwbouw is van beton en fungeert als energie-accumulatiesysteem.

Glassx AG, Dietrich Schwarz
www.glassx.ch
© Grazia Ike-Branco

Concrete, exposed concrete and glass / Béton, béton brut et verre / Beton, Sichtbeton und Glas / Beton, zichtbaar beton en glas

Bio-climatic design, photovoltaic panels, and energy saving / Conception bioclimatique, panneaux photovoltaïques et économie d'énergie / Bioklimatisches Design, photovoltaische Paneele und Energieersparnis / Bioklimatologisch ontwerp, zonnepanelen en energiebesparing

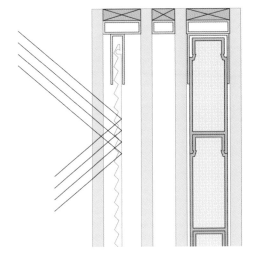

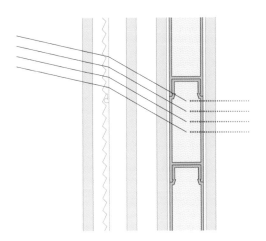

Construction details

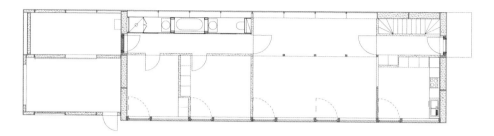

Ground floor plan

Glass – the light capturing material par excellence – is used to cover the north façade like a great viewing window.

Le verre, matériau par excellence de la captation lumineuse, est employé pour couvrir la façade nord comme une grande baie vitrée panoramique.

Glas ist ein ideales Material zur Lichtaufnahme und wurde als großes Panoramafenster der Nordseite verwendet.

Voor de noordgevel wordt glas gebruikt, ideaal materiaal voor lichtopname, zodat een groot panoramisch raam ontstaat.

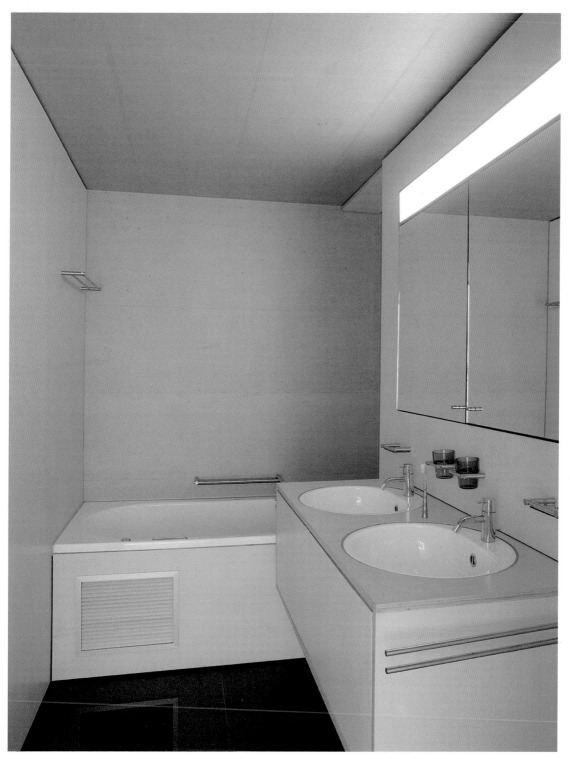

Home in IJburg

Amsterdam, The Netherlands

This home is an experiment by its architect and is based on specialist design and the use of ecological materials. The dwelling has three stories and a floating lounge that hangs from the ceiling of the first level.

Ausgehend von zwei Prämissen, nämlich der Besonderheit des Designs und verschiedene ökologische Materialien, ist dieses Haus ein Experiment des Architekten selbst. Das Haus besteht aus drei Geschossen und einer schwebenden Lounge, die vom ersten Geschoss hängt.

Sur la base de deux prérequis, à savoir la particularité du design et des matériaux écologiques, cette maison est une expérience de l'architecte. L'habitation s'étend sur trois étages et dispose d'un salon flottant suspendu depuis le premier étage.

Dit huis, dat uitgaat van twee onderstellingen, namelijk design en milieuvriendelijke materialen, is een experiment van de architect zelf. De woning bestaat uit drie verdiepingen en een drijvende lounge die aan de eerste verdieping hangt.

 FARO Architecten
www.faro-architecten.nl
© Jeroen Musch, John Lewis Marshall

 Glass, recycled materials, and copper /
Verre, matériaux recyclés et cuivre /
Glas, wiederaufbereitete Materialien
und Kupfer / Glas, gerecyclede
materialen en koper

 Energy saving and bio-climatic
design / Economie d'énergie
et conception bioclimatique /
Energieersparnis und bioklimatisches
Design / Energiebesparing en
bioklimatologisch ontwerp

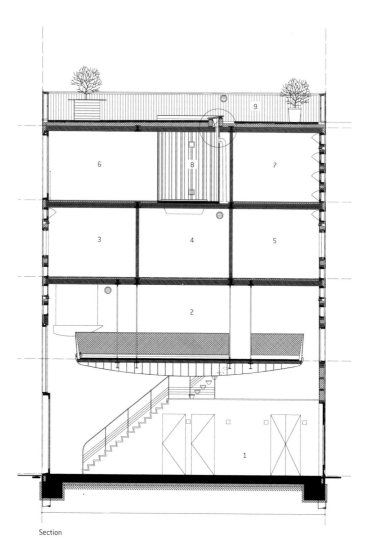

Section

1. Living room   6. Bedroom 3
2. Lounge   7. Studio
3. Bedroom 1   8. Bathroom
4. Store   9. Detail
5. Bedroom 2

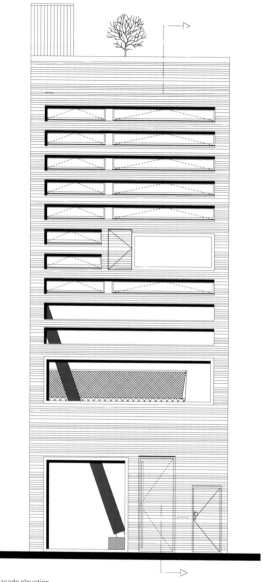

Façade elevation

The originality of the project is seen in the lounge that hangs from the ceiling like a floating island lined in copper, in a space 23 ft high.

Die Originalität des Projekts beruht auf der Lounge, die wie eine schwebende Insel von der Decke hängt, in einem 7 m hohen und mit Kupfer ausgekleideten Raum.

L'originalité du projet repose sur le salon qui pend du plafond comme une île flottante, dans un espace de 7 m de hauteur et recouvert de cuivre.

Het originele karakter van het project wordt bepaald door de lounge die in een 7 m hoge ruimte als een drijvend eiland aan het dak hangt en met koper bekleed is.

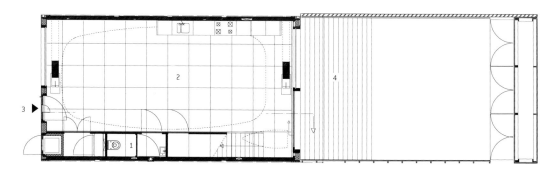

Ground floor plan

1. Bathroom
2. Living room
3. Entrance
4. Terrace

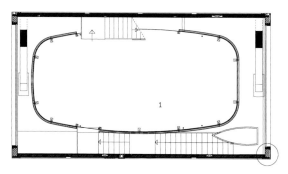

First floor plan

1. Lounge

Second floor plan

1. Bathroom
2. Bedroom
3. Store
4. Hall

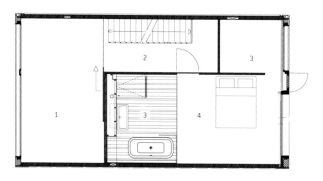

Third floor plan

1. Studio
2. Hall
3. Bathroom
4. Bedroom
5. Wardrobe

Layer House

Kobe, Japan

This house, measuring only 355 ft², has a spacious interior despite its small size. The building rises like a trellis made of alternating horizontal wooden beams that give rise to vacant layers.

Dieses kleine Haus von nur 33 m² besitzt trotz seiner eingeschränkten Abmessungen ein geräumiges Inneres. Die Struktur erhebt sich wie eine Sprossenwand, die durch horizontale, sich abwechselnde Holzsprossen gebildet wird und Platz für Hohlräume lässt.

Cette petite maison d'à peine 33 m² dispose d'un intérieur spacieux malgré ses dimensions réduites. La structure se dresse tel un espalier formé de barres horizontales en bois qui s'échelonnent, créant des espaces vides.

Dit kleine huis met een oppervlakte van slechts 33 m² heeft een ruim interieur ondanks de beperkte afmetingen. De constructie verheft zich als een latwerk waarvan de horizontale houten latten elkaar om en om afwisselen met daartussen lege lagen.

 Hiroaki Ohtani
www.nikken.co.jp
© Kouji Okamoto

 Wood / Bois / Holz / Hout

 Minimized environmental impact and low energy consumption / Impact environnemental réduit et faible consommation d'énergie / Auf ein Minimum reduzierte Umweltauswirkung und niedriger Energieverbrauch / Minimale impact op het milieu en laag energieverbruik

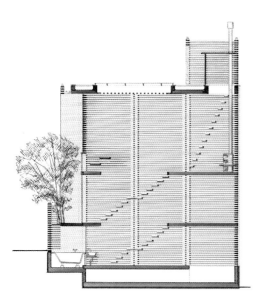

Section

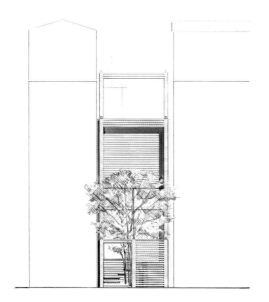

Elevation

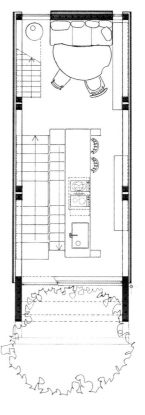

Floor plan

The rooms are located on different levels depending on the degree of privacy required, so that the public areas are closest to the entrance and the private spaces are behind them.

Les pièces se succèdent sur différents niveaux, selon le degré d'intimité. Ainsi, près de l'entrée, on trouve les parties communes et derrière les parties plus privées.

Die Zimmer folgen in Abhängigkeit von der gewünschten Privatsphäre aufeinander. So befinden sich nahe dem Eingangsbereich die für alle zugänglichen Bereiche und dahinter die privaten.

De vertrekken volgen elkaar op verschillende niveaus op, afhankelijk van de nodige privacy. Zo bevinden zich dichtbij de ingang de openbare rüimten en daarachter de privéruimten.

Pixel House

Heiri, South Korea

This residence was designed with a recurring structure with a texture resembling the pixels of digitized images. The owners, a couple with two children, were interested in a project that shared the exterior with other neighbors.

Die Wohnung wurde aus einer sich wiederholenden Struktur entworfen, die an die Pixel von digitalen Bildern erinnert. Die Eigentümer, ein Paar mit zwei Kindern, waren an einem Projekt interessiert, das einen Teil des Außenbereichs mit den übrigen Nachbarn teilt.

La maison a été conçue selon une structure récurrente qui rappelle les pixels des images numérisées. Les propriétaires, un couple avec deux enfants, étaient intéressés par un projet qui leur permettrait de partager une partie extérieure avec les voisins.

De woning werd ontworpen met een zich herhalende structuur die doet denken aan de pixels van gedigitaliseerde beelden. De eigenaars, een koppel en hun twee kinderen, waren geïnteresseerd in een project waarbij een deel van de buitenkant met de rest van de bewoners werd gedeeld.

 Slade Architecture, Mass Studies
www.sladearch.com
© Yong Kwan Kim

 Brick, wood, and glass / Brique, bois et verre / Ziegel, Holz und Glas / Baksteen, hout en glas

 Bio-climatic design and low energy consumption / Conception bioclimatique et faible consommation d'énergie / Bioklimatisches Design und niedriger Energieverbrauch / Bioklimatologisch ontwerp en laag energieverbruik

The result of this original design is a house made of 9,675 bricks. The stepped sequence of the bricks is not visible inside, where the walls are concave and flat.

Das Ergebnis dieses originellen Designs ist ein Haus aus 9675 Ziegelsteinen. Die stufenförmige Aufeinanderfolge der Ziegelsteine ist im Inneren, das konkav und glatt gestaltet ist, nicht wahrnehmbar.

Le résultat de ce design original c'est une maison de 9 675 briques. La séquence échelonnée des briques ne se remarque pas depuis l'intérieur qui a une apparence concave et lisse.

Het resultaat van dit originele ontwerp is een huis van 9.675 bakstenen. De trapsgewijze opeenvolging van de bakstenen is binnenin niet waar te nemen. Het interieur is holrond en glad.

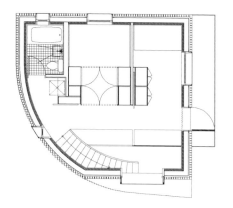

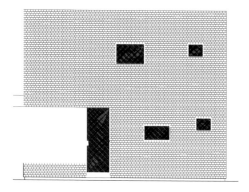

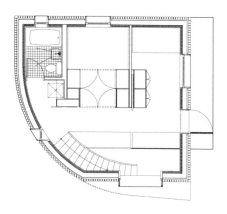

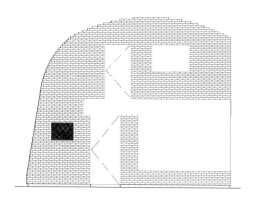

Floor plans

Elevations

Craddock Cottages

Gromshall, Surrey, UK

This project combines the traditional architecture of the area, evident in its use of local brick on the façade, and modern design, which is reflected in its interior. The architects accentuated the bulk composition, scale, and materials.

Dieses Projekt verbindet die Bautradition der Gegend, die durch die Verwendung eines vor Ort hergestellten Ziegelsteins für die Außenfassade gekennzeichnet ist, mit einem modernen Design, das sich im Inneren widerspiegelt. Die Architekten haben hierbei auf die Komposition der Raumabmessung, der Skala und den Materialien ihr Hauptaugenmerk gelegt.

Ce projet allie la tradition architecturale du lieu, marqué par l'emploi de briques locales sur la façade extérieure, et le design moderne qu'on observe à l'intérieur. Les architectes ont mis l'accent sur la composition des volumes, l'escalier et les matériaux.

Dit project verenigt de architectonische traditie van de streek, die wordt gekenmerkt door het gebruik van lokale bakstenen op de buitengevel, en een modern design, dat door het interieur wordt uitgestraald. De architecten hebben de nadruk gelegd op de volumetrische samenstelling, de trap en de materialen.

 Stephen Taylor Architects
www.stephentaylorarchitects.co.uk
© David Grandorge

 Brick, glass, and wood / Brique, verre et bois / Ziegel, Glas und Holz / Baksteen, glas en hout

 Locally-sourced materials, low energy consumption, maximum use of natural light, and cross ventilation / Matériaux locaux, faible consommation d'énergie, utilisation optimale de la lumière naturelle et ventilation croisée / Materialien aus der Gegend, niedriger Energieverbrauch, maximale Ausnutzung des Tageslichts und Querlüftung / Materialen afkomstig uit de omgeving, laag energieverbruik, maximale benutting van natuurlijk licht en kruisventilatie

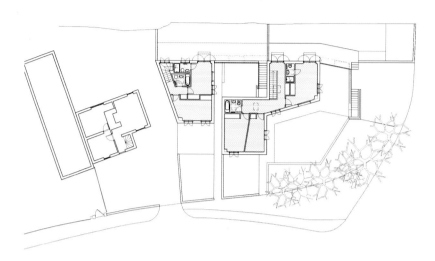

First floor plan

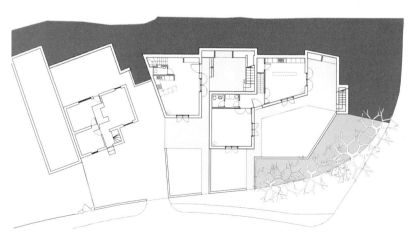

Ground floor plan

The stepped design of the residence allowed windows to be installed on both the façade and roof in order to let light into the interior.

La forme échelonnée de l'habitation permet de poser des baies vitrées aussi bien sur les façades que sur la terrasse située sur le toit afin d'attirer la lumière à l'intérieur.

Die stufenförmige Form der Wohnung ermöglicht die Schaffung von großen Fenstern sowohl an der Außenwand wie auf dem Flachdach, um das Licht in das Innere eintreten zu lassen.

Dankzij de trapsgewijze vorm van de woning zijn grote ramen zowel op de gevels als op het dakterras mogelijk, zodat het natuurlijk licht naar binnen schijnt.

Slit Villa

Tokyo, Japan

This dwelling has a surface area barely covering 720 ft², which is laid out in the following way: the lower level houses the kitchen and dining area, while the living room is on the next level up. The uppermost level is reserved for the bedroom and a roof terrace.

Diese Wohnung hat eine Wohnfläche von kaum 67 m², die auf folgende Weise aufgeteilt ist: Im Untergeschoss befinden sich Küche und Esszimmer, während in der zweiten Etage das Wohnzimmer liegt. Die oberste Ebene ist dem Schlafzimmer und einer Terrasse vorbehalten.

La superficie de cette maison atteint à peine les 67 m², répartis de la manière suivante : au rez-de-chaussée on trouve la cuisine et la salle à manger, tandis que le salon se situe au premier étage. Le dernier étage abrite la chambre et une terrasse.

Deze woning heeft een oppervlakte van nauwelijks 67 m², die als volgt is ingedeeld: op de benedenverdieping bevinden zich de keuken en eetkamer en op de tweede verdieping ligt de woonkamer. De bovenste verdieping is gereserveerd voor de slaapkamer en een terras.

C. Matsuba/Tele-Design
www.tele-design.net
© Ryota Atarashi

Wood, bamboo and steel / Bois, bambou et acier / Holz, Bambus und Stahl / Hout, bamboe en staal

Natural materials and minimized environmental impact / Matériaux naturels et impact environnemental réduit / Natürliche Materialien und minimale Umweltauswirkung / Natuurlijke materialen en minimale impact op het milieu

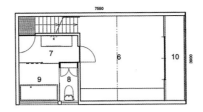

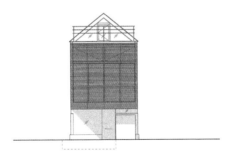

Floor plans

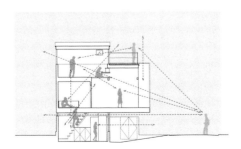

Elevation

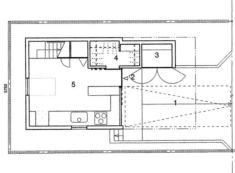

Section

Wood, steel and bamboo feature throughout the interior in a combination of contemporary materials and those typically found in traditional Japanese architecture.

À l'intérieur, on trouve une combinaison de matériaux contemporains et traditionnels comme le bois, l'acier et le bambou, typiques de l'architecture japonaise.

Holz, Stahl und Bambus sind im gesamten Inneren präsent, in einer Kombination moderner und traditioneller Materialien der japanischen Architektur.

Hout, staal en bamboe zijn overal in het interieur aanwezig in een combinatie van voor de Japanse architectuur typische hedendaagse en traditionele materialen.

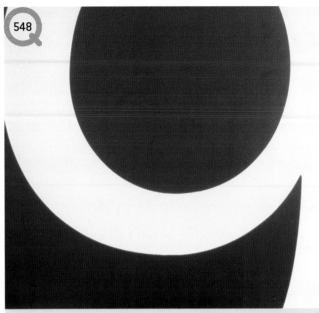

Nomads in Residence/No.19

Utrecht, The Netherlands

This place serves as an exhibition space and a place to meet for students of a Dutch art academy. This model is 100% prefabricated and responds to the basic needs of temporary residents. The space can be turned into a hotel room or a study.

Dieser Bereich dient als Ausstellungsort und Treffpunkt für Studenten der niederländischen Kunstakademie. Dieses Modell, zu 100% vorgefertigt, entspricht den dringendsten Bedürfnissen der sich auf der Durchreise befindlichen Mieter. Der Raum kann in ein Hotelzimmer oder in ein Studio verwandelt werden.

Cette enceinte sert de lieu d'exposition et de point de rencontre pour des étudiants de l'académie d'art hollandaise. Ce modèle, 100 % préfabriqué, répond aux urgences des occupants en transit. L'espace peut se transformer en chambre d'hôtel ou en studio.

Deze ruimte fungeert als tentoonstellingszaal en ontmoetingspunt voor studenten van de Nederlandse kunstacademie. Dit 100% geprefabriceerde model beantwoordt aan de basisbehoeften van de gasthuurders. De ruimte kan worden omgebouwd tot hotelkamer of atelier.

 Bik Van der Pol, Korteknie Stuhlmacher Architecten
www.kortekniestuhlmacher.nl
© Christian Kahl, Korteknie Stuhlmacher Architecten

 Wood, glass and steel / Bois, verre et acier / Holz, Glas und Stahl / Hout, glas en staal

 Energy saving and minimized environmental impact / Economie d'énergie et impact environnemental réduit / Energieersparnis und minimale Umweltauswirkung / Energiebesparing en minimale impact op het milieu

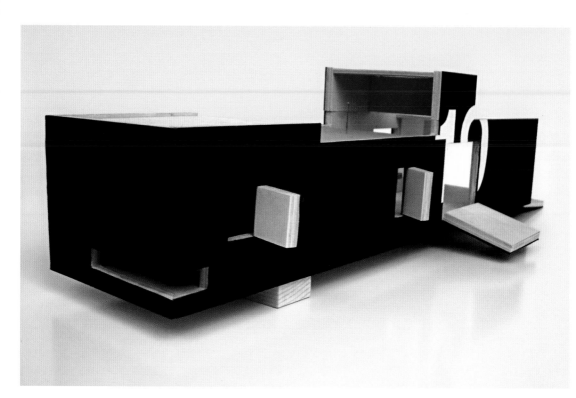

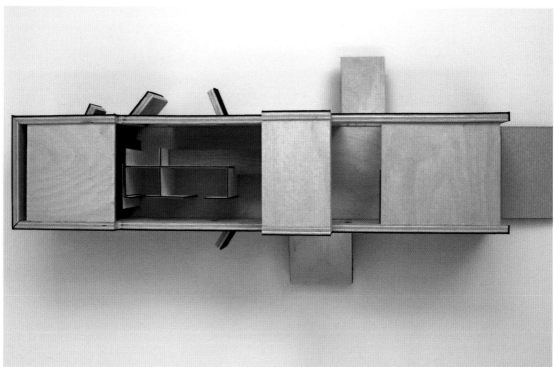

The design is based on the concept of a container and features hinged walls at each end that work as ramps or terraces.

Le concept, basé sur le modèle du conteneur, dispose de vannes qui fonctionnent comme une rampe ou une terrasse située à l'une ou l'autre des extrémités.

Das Design, das in seiner Gestalt auf einem Container basiert, hat Klapptüren an einem Ende, die als Rampe oder Terrasse dienen.

Het op een container gebaseerde ontwerp heeft aan één van de uiteinden grote klapdeuren die fungeren als platform of terras.

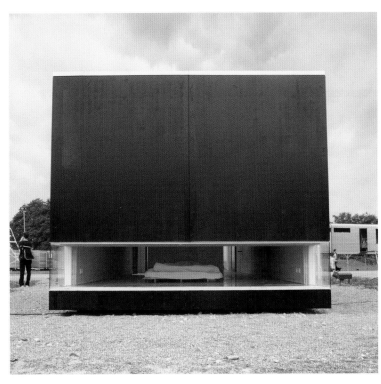

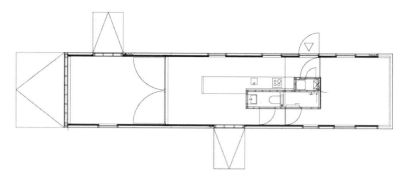

General plan

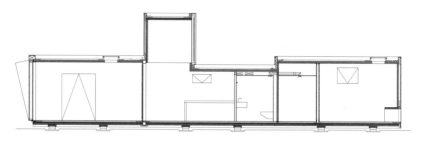

Longitudinal section

Section A-A'

Section B-B'

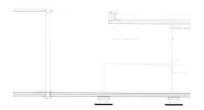

Partial section

Lliri Blau Residential Complex

Massalfassar, Valencia, Spain

This complex contains 129 high energy efficient residences in 17 different versions, in addition to shopping, office and leisure spaces; a retirement home, and day care centers. This is one of the first complexes of its kind built in Spain.

Dieser Komplex besteht aus 129 Wohnungen mit hoher Energie-Effizienz, insgesamt 17 verschiedenen Typen, u.a. Geschäftsbereichen, Büros, Freizeitzentren, einer Seniorenresidenz und Kindergärten. Es handelt sich um eine der ersten errichteten Anlagen dieser Art in Spanien.

Ce complexe rassemble 129 habitations à haute efficience énergétique, de 17 types différents, accompagnées de commerces, de bureaux, de centres de loisir, d'une maison de retraite et de crèches. Il s'agit de l'un des premiers complexes de ce type construits en Espagne.

Dit complex bestaat uit 129 woningen (17 verschillende typen) met een hoge energie-efficiëntie, en winkels, kantoren, vrijetijdscentra, een bejaardentehuis en crèches. Het gaat om een van de eerste complexen van dit type die in Spanje worden gebouwd.

Luis de Garrido
www.luisdegarrido.com
© Mayte Piera

Natural, reused, and recycled materials / Naturels, réutilisés et recyclés / Natürliche wiederverwendete und wiederaufbereitete Materialien / Natuurlijke, hergebruikte en gerecyclede materalen

Passive solar energy, thermal solar energy, green roof, rainwater collection and use / Energie solaire passive, énergie solaire thermique, toit vert, collecte et utilisation des eaux de pluie / Passive Sonnenenergie, thermische Sonnenenergie, begrüntes Dach, Sammlung und Nutzung von Regenwasser / Passieve zonne-energie, thermische zonne-energie, daktuin, opvang en gebruik van regenwater

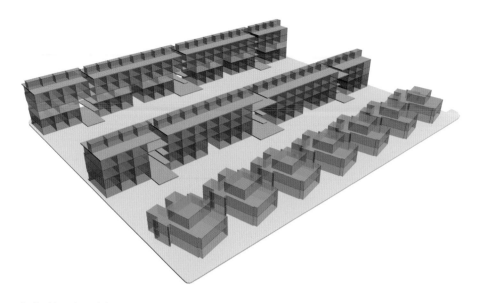

Residential complex rendering

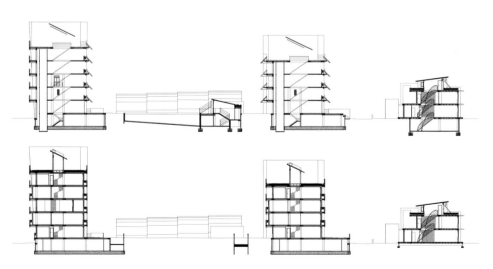

Residential complex section

The foyer of each of the apartment buildings creates a suggestive triangular form
on the façade.

Der Eingangsbereich jedes dieser Appar-
tement-Blocks bildet eine anregende Drei-
ecksform auf die Fassade.

Le hall d'entrée de chacun des blocs d'appartements dessine une forme triangulaire
nette sur la façade.

De entree van elk van de appartements-
blokken tekent een suggestieve driehoekige
vorm op de gevel.

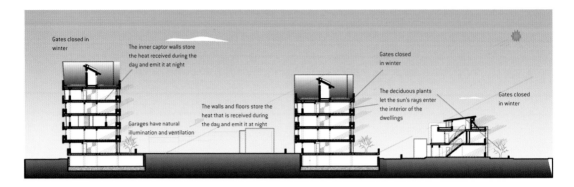

Bio-climatic section (winter)

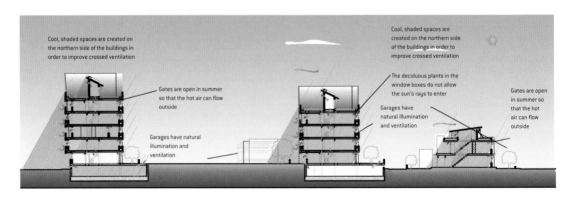

Bio-climatic section (summer)

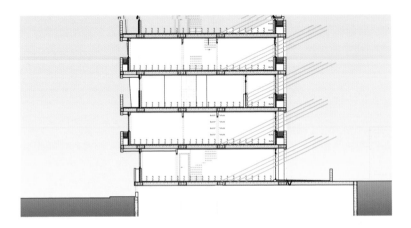

Bio-climatic section (blocks in winter)

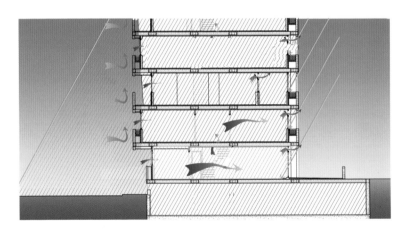

Bio-climatic section (blocks in summer)

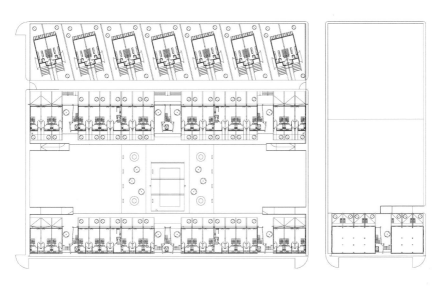

Residential complex plan

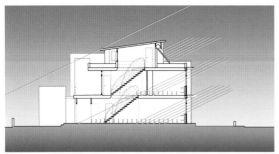

Bio-climatic section (detached houses in winter)

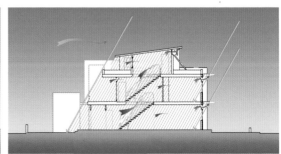

Bio-climatic section (detached houses in summer)

Detached house elevation

Solar Residence Complex

Freiburg, Germany

The building design, the choice of materials, and the use of sustainable hydraulic and energy systems enable the complex to be self-sufficient with natural resources. The electricity, water and heating bills In this house are very low.

Das Gebäudedesign, die Auswahl der Materialien und die Verwendung nachhaltiger hydraulischer und energetischer Systeme haben zur Folge, dass die Sonnensiedlung sich aus natürlichen Ressourcen versorgt. In diesem Haus ist der Verbrauch an Strom, Wasser und Heizung sehr gering.

Le design du bâtiment, le choix des matériaux et l'intégration de systèmes hydrauliques et énergétiques durables permettent à cette colonie solaire de se pourvoir grâce aux ressources naturelles. Dans ce tte maison la dépense en électricité, eau et chauffage est très réduite.

Het ontwerp van het gebouw en de keuze van de materialen, alsmede het gebruik van duurzame water- en energiesystemen, zorgen ervoor dat het wooncomplex wordt voorzien van natuurlijke hulpbronnen. In dit huis is het verbruik van licht, water en verwarming erg laag.

Architekturbüro Rolf Disch
www.rolfdisch.de
© Architekturbüro Rolf Disch

Concrete, wood, glass, stone and steel / Béton, bois, verre, pierre et acier / Beton, Holz, Glas, Stein und Stahl / Beton, hout, glas, steen en staal

Energy saving, low energy consumption, photovoltaic panels, and bio-climatic design / Economie d'énergie, faible consommation d'énergie, panneaux photovoltaïques et conception bioclimatique / Energieersparnis, niedriger Energieverbrauch, photovoltaische Paneele und bioklimatisches Design / Energiebesparing, laag energieverbruik, zonnepanelen en bioklimatologisch ontwerp

The use of natural materials for building interior spaces creates a pleasant atmosphere.

L'emploi de matériaux naturels pour la construction des espaces intérieurs offre une atmosphère agréable.

Die Verwendung natürlicher Materialien für den Ausbau der Innenräume führt zu einer angenehmen Atmosphäre.

Het gebruik van natuurlijke materialen voor de bouw van de binnenruimten zorgt voor een aangename omgeving.

R4 House

Montcada i Reixac, Barcelona, Spain

This house was presented in the 2007 Construmat construction industry fair and includes two homes created from six shipping containers no longer in use. Zero energy use is achieved and practically no waste is produced during construction or dismantling.

Dieses Haus wurde im Jahr 2007 auf der Messe Construmat vorgestellt und umfasst zwei Wohnungen, die von sechs ausgemusterten Hafencontainern gebildet werden. Man erreicht hier einen Energieverbrauch von Null, und weder beim Aufbau noch beim Zerlegen fallen Abfälle an.

Cette maison, présentée au salon Construmat 2007, comprend deux habitations constituées de six conteneurs portuaires abandonnés. On parvient à une consommation énergétique nulle, de plus, la construction et le désassemblage n'ont quasiment pas généré de déchet.

Dit huis, dat tijdens de beurs Construmat 2007 werd geprestenteerd, bevat twee woningen die zijn opgebouwd uit zes afgedankte havencontainers. Het huis heeft een energieverbruik van nul en er wordt praktisch geen afval geproduceerd, noch bij de bouw, noch bij de demontage.

Luis de Garrido
www.luisdegarrido.com
© David Campos, Habitat Futura

Natural, reused, and recycled materials / Naturels, réutilisés et recyclés / Natürliche wiederverwendete und wiederaufbereitete Materialien / Natuurlijke, hergebruikte en gerecyclede materialen

Photovoltaic panels, passive solar energy, thermal solar energy, geothermal, green roof / Panneaux photovoltaïques, énergie solaire passive, énergie solaire thermique, géothermie, toit vert / Photovoltaische Paneele, passive Sonnenenergie, thermische und geothermische Sonnenenergie / Zonnepanelen, passieve zonne-energie, thermische zonne-energie en geothermische energie, daktuin

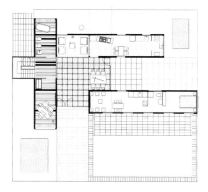

Ground floor plan

First floor plan

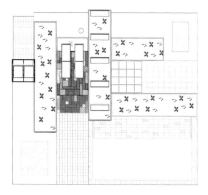

Roof floor plan

This project, currently brought to life in Montcada i Reixach, is a quest to create sustainable, attractive and economical architecture.

Dieses Projekt, das jetzt in Montcada i Reixach Wirklichkeit geworden ist, setzt auf eine nachhaltige, attraktive und kostengünstige Architektur.

Ce projet, actuellement devenu réalité à Montcada i Reixach, est un pari en faveur d'une architecture durable, belle et bon marché.

Dit project, dat momenteel in Montcada i Reixach wordt uitgevoerd, doelt op een duurzame, aantrekkelijke en goedkope architectuur.

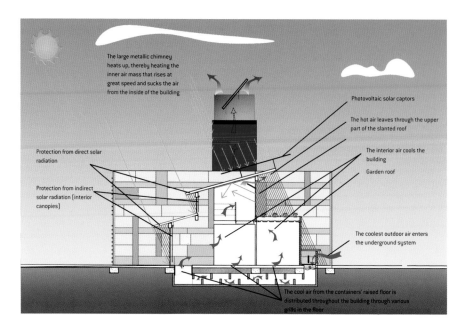

The large metallic chimney heats up, thereby heating the inner air mass that rises at great speed and sucks the air from the inside of the building

Protection from direct solar radiation

Protection from indirect solar radiation (interior canopies)

Photovoltaic solar captors

The hot air leaves through the upper part of the slanted roof

The interior air cools the building

Garden roof

The coolest outdoor air enters the underground system

The cool air from the containers' raised floor is distributed throughout the building through various grills in the floor

Bio-climatic section 1 (summer)

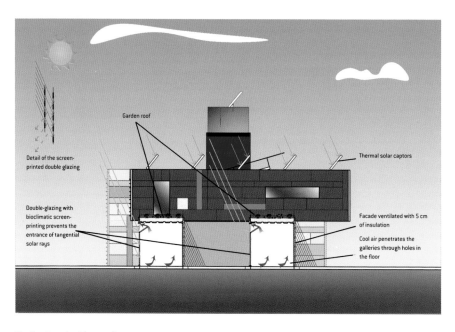

Garden roof

Detail of the screen-printed double glazing

Double-glazing with bioclimatic screen-printing prevents the entrance of tangential solar rays

Thermal solar captors

Facade ventilated with 5 cm of insulation

Cool air penetrates the galleries through holes in the floor

Bio-climatic section 2 (summer)

Bioclimatic section 3 (summer)

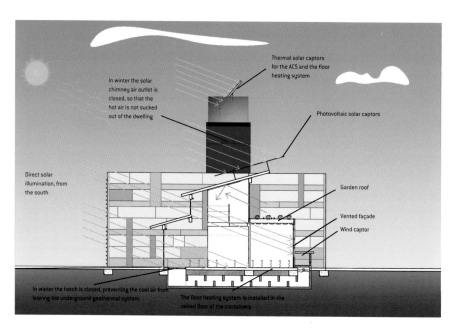

Thermal solar captors
for the ACS and the floor
heating system

In winter the solar
chimney air outlet is
closed, so that the
hot air is not sucked
out of the dwelling

Photovoltaic solar captors

Direct solar
illumination, from
the south

Garden roof

Vented façade

Wind captor

In winter the hatch is closed, preventing the cool air from
leaving the underground geothermal system

The floor heating system is installed in the
raised floor of the containers

Bioclimatic section 1 (winter)

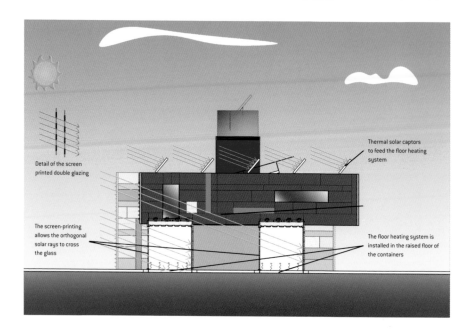

Detail of the screen printed double glazing

The screen-printing allows the orthogonal solar rays to cross the glass

Thermal solar captors to feed the floor heating system

The floor heating system is installed in the raised floor of the containers

Bio-climatic section 2 (winter)

Bio-climatic section 3 (winter)

MTGH

Various

These prototypes are for modular dwellings, for use as refuges in emergency situations or migratory movements. They also offer the possibility of being turned into residences if three units are combined to form duplex or triplex homes.

Bei diesen Prototypen handelt es sich um Wohnungen mit modularer Struktur, die als Zufluchtsstätten für Notfallsituationen oder für Wanderbewegungen genutzt werden. Sie bieten zudem die Möglichkeit zur Bewohnung, wenn drei Stockwerke zusammengefasst werden und daraus Einheiten vom Typ Duplex oder Triplex gebildet werden.

Ces prototypes sont des habitations à structure modulaire, utilisés comme refuges en cas de situations d'urgence ou de mouvements migratoires. Ils peuvent également se transformer en résidences si trois étages sont combinés pour former un duplex ou un triplex.

Deze prototypes zijn woningen met een modulaire structuur die worden gebruikt als onderdak in spoedeisende situaties of voor migratiestromen. Ook kunnen er door drie verdiepingen te combineren duplex- of triplexwoningen worden gevormd.

Philippe Barriere Collective
www.philippebarrierecollective.com
© Philippe Barriere Collective

Wood, aluminum and glass / Bois, aluminium et verre / Holz, Aluminium und Glas / Hout, aluminium en glas

Recycled construction materials, bio-climatic design, and minimized environmental impact / Matériaux de construction recyclés, conception bioclimatique, et impact environnemental réduit / Wiederaufbereitete Baumaterialien, bioklimatisches Design und minimale Umweltauswirkung / Gerecyclede bouwmaterialen, bioklimatologisch ontwerp en minimale impact op het milieu

The basic modules have sizes of 390 ft² and 540 ft² and come equipped with bathroom, kitchen, bedroom, and living area.

Die Basis-Module sind 36 und 50 m² groß und verfügen über ein Bad, Küche, Schlafzimmer und Wohnzimmer.

Les modules de base mesurent 36 et 50 m² et sont équipés d'une salle de bains, d'une cuisine, d'une chambre et d'un salon.

De basismodules hebben een oppervlakte van 36 en 50 m² en zijn voorzien van een badkamer, keuken, slaapkamer en woonkamer.

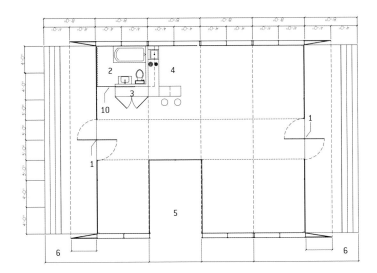

Plan of basic model – Option 1

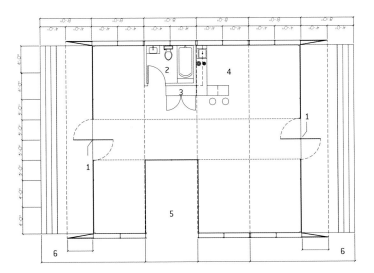

Plan of basic model – Option 2

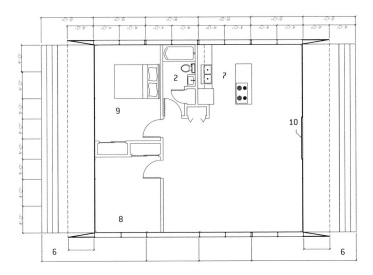

Plan of basic model with two bedrooms

1. Pivot door
2. Bathroom
3. Closet
4. Kitchen with fold-out table
5. Open bay: courtyard/garden
6. Canopy
7. Kitchen
8. Bedroom
9. Master bedroom
10. Sliding door

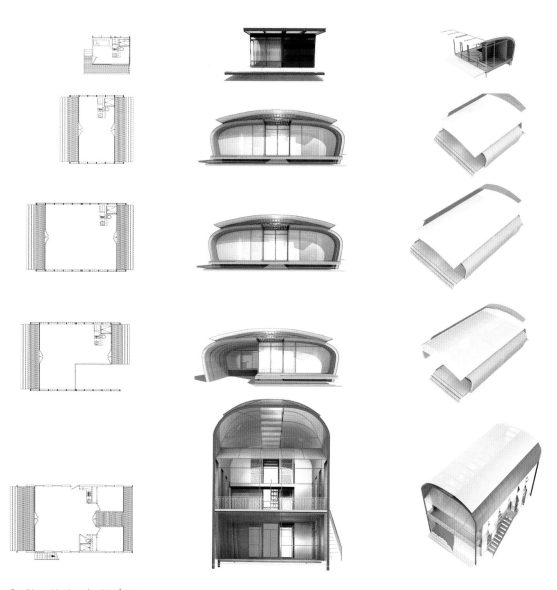

Possible combinations of modules (plans,
elevations and views in perspective)

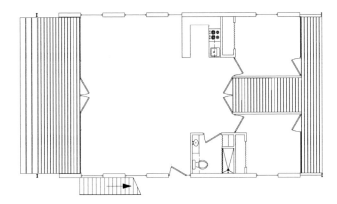

First floor plan (module 1)

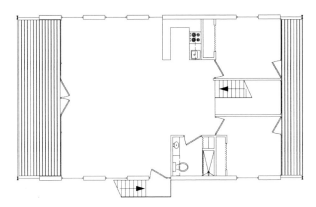

Second floor plan (module 2)

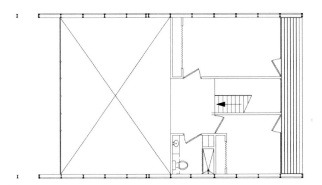

Third floor plan (module 3)

Eco-Ville

Various

This residential complex flexibly combines living and working spaces. It is laid out as a series of rectangular shipping container-inspired dwellings that can be stacked.

Dieser ökologische Wohnkomplex verbindet flexibel den Wohn- und Arbeitsbereich miteinander. Die Wohnungen basieren mit ihrem rechteckigen Grundriss auf der Form eines *Containers* und können übereinander angeordnet werden.

Ce complexe résidentiel écologique allie espaces de vie et de travail avec une grande flexibilité. Il s'organise autour d'habitations à la surface rectangulaire, inspirées du modèle du *container* et qui présentent la particularité de pouvoir s'empiler.

Dit milieuvriendelijke wooncomplex combineert woon- en werkruimte op geheel flexibele wijze. Het complex wordt gevormd op basis van rechthoekige, op *containers* geïnspireerde woningen die opgestapeld kunnen worden.

 OMD-Office of Mobile Design
www.designmobile.com
© OMD-Office of Mobile Design

 Translucent polycarbonate sheets, Kirei board / Feuilles de polycarbonate transparent, panneaux kirei / Lichtdurchlässige Polykarbonat-Platten, Kirei-Platte / Doorschijnende polycarbonaatplaten, kirei board

 Natural fibers for furnishings, plants which are not affected by heat, energy efficient tankless water heaters / Mobilier en fibres naturelles, plantes résistantes à la chaleur, chauffe-eau sans citerne énergétiquement efficient / Naturfasern für Mobiliar und Zubehör, hitzebeständige Pflanzen, energieeffizienter Warmwasserbereiter ohne Tank / Natuurlijke vezels voor het meubilair en de accessoires, hittebestendige planten

The interior spaces are divided into a work-
shop on the lower level and an upper level
holding the living area and bedroom.

Les espaces intérieurs sont divisés comme
suit : un atelier situé au rez-de-chaussée
et un premier étage destiné à accueillir le
salon et la chambre.

Die Innenräume sind in eine Werkstatt im
unteren Geschoß und ein Wohn- und Schlafzimmer im oberen Geschoss unterteilt.

De binnenruimten zijn verdeeld in een atelier op de begane grond en een zit- en slaapkamer op de eerste verdieping.

Zero House

Various

This house comprises two overlapping rectangular volumes on a horizontal and vertical axis. This prototype works independently, generates its own power, stores rainwater, and processes its own waste products.

Das Haus besteht aus zwei rechteckigen Körpern, die entlang einer senkrechten und einer waagrechten Achse übereinander liegen. Dieser Prototyp arbeitet autonom: er erzeugt seine eigene elektrische Energie, sammelt Regenwasser und bereitet seine eigenen Abfälle auf.

La maison est constituée de deux volumes rectangulaires qui se superposent selon un axe horizontal et vertical. Ce prototype peut fonctionner de manière autonome, il génère sa propre énergie électrique, stocke l'eau de pluie et traite ses propres déchets.

Het huis bestaat uit twee rechthoekige delen die volgens een horizontale en verticale as bovenop elkaar geplaatst worden. Dit prototype is geheel zelfvoorzienend, produceert zijn eigen elektrische energie, slaat regenwater op en verwerkt zijn eigen afval.

 Scott Specht
www.zerohouse.net
© Devin Keyes,
Frank Farkash, Scott Specht

 Helical micropile anchors, stainless steel with leveling plates / Ancrages à l'aide de micro-pieux hélicoïdaux, acier inoxydable avec plaques de nivellement / Verankerung einer schraubenförmigen Mikro-Batterie, Edelstahl mit einstellbarer Basis / Spiraalvormige microzuilverankering, roestvrij staal met nivelleerbasis

 Energy saving, independent of power grid and sanitation network / Economie d'énergie, indépendance vis-à-vis du réseau énergétique et des installations sanitaires / Energieersparnis, unabhängig vom Stromnetz und der Kanalisation / Energiebesparing, onafhankelijk van het elektriciteitsnet en van de riolering

Bright white

Metallic silver

Deep marine

Forest green

Desert red

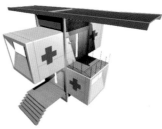

Custom graphics

ZeroHouse can be built on any site, since it is suspended on four-point foundations that do not require any earthmoving.

Zerohouse kann an jedem beliebigen Ort aufgebaut werden, da die Verankerung auf vier Punkten beruht und keiner Erdbewegungen bedarf.

ZeroHouse peut être installée n'importe où, car elle repose sur quatre points d'ancrage et ne requière donc pas la mise en place de fondations souterraines.

ZeroHouse kan overal geïnstalleerd worden. Dit huis wordt namelijk bovenop een vierpuntsverankering geplaatst zodat geen grondverzet nodig is.

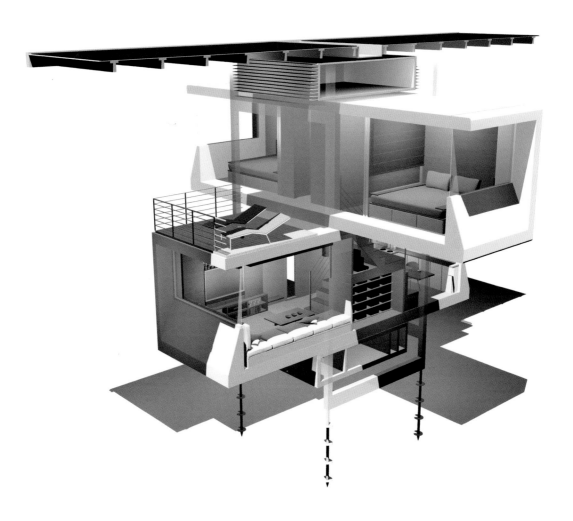

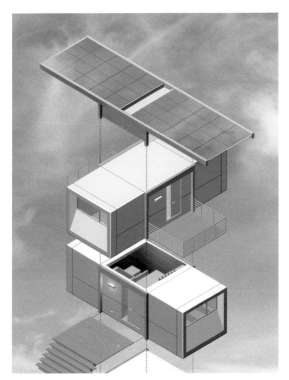

Marronaz

Various

The aim of this project is to create a bio-climatic and ecological house adapted to the features of the terrain. The space is compact and all of the outdoor areas, such as the terrace, swimming pool and grill area, are part of the main volume of the structure.

Das Ziel des Projekts ist die Schaffung eines bioklimatischen und ökologischen Hauses, das sich an die Besonderheiten des Geländes anpasst. Der Raum ist kompakt und alle Außenbereiche wie Terrasse, Schwimmbad und Grillbereich sind innerhalb des Hauptgebäudes angelegt.

L'objectif du projet est de créer une maison bioclimatique et écologique, adaptée aux particularités du terrain. L'espace est compact et toutes les parties extérieures comme la terrasse, la piscine et le zone de barbecue peuvent être vues depuis le volume principal.

Het doel van dit project is het creëren van een bioklimatologisch en milieuvriendelijk huis, dat wordt aangepast aan de bijzonderheden van het terrein. De woning is compact en alle buitenruimtes, zoals het terras, het zwembad en de barbecuezone, zijn opgenomen in het hoofdvolume.

 RozO Architectes
http://rozo.archi.free.fr
© RozO Architectes

 Concrete, metal walls and polyethylene mesh / Béton, murs en métal et revêtement en polyéthylène / Beton, Metallmauern und Polyethylen-Netz / Beton, metalen muren en polyethyleen gaas

 Bio-climatic design, energy saving, and minimized environmental impact / Conception bioclimatique, économie d'énergie et impact environnemental réduit / Bioklimatisches Design, Energieersparnis und minimale Umweltauswirkung / Bioklimatologisch ontwerp, energiebesparing en minimale impact op het milieu

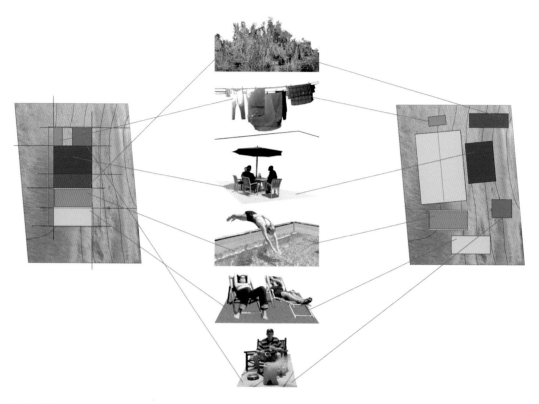

Section A-A'

The building is divided into two levels: the upper level holds the terrace, swimming pool, sun deck, and a greenhouse; the lower level is an open-plan living space.

Der Baukörper ist in zwei Ebenen aufgeteilt: Auf der oberen befinden sich die Terrasse, das Schwimmbad, eine Sonnenterrasse und ein Gewächshaus, das Untergeschoss ist ein Loft.

Le volume est divisé en deux niveaux : au premier, on trouve la terrasse, la piscine, la plateforme bain de soleil et une serre ; au rez-de-chaussée, un loft.

Het huis is verdeeld in twee niveaus: op de bovenverdieping bevindt zich het terras, het zwembad, het zonneterras en de serre; de benedenverdieping is een loft.

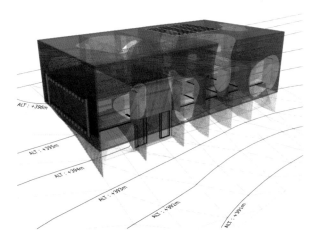

Rendering

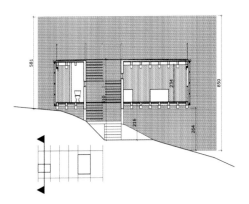

Section A-A'

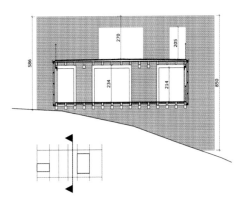

Section B-B'

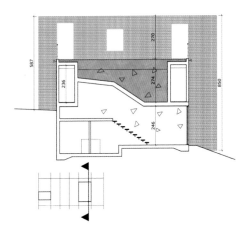

Section C-C'

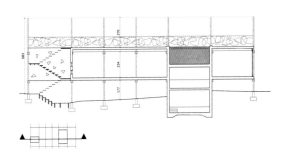

Section D-D'

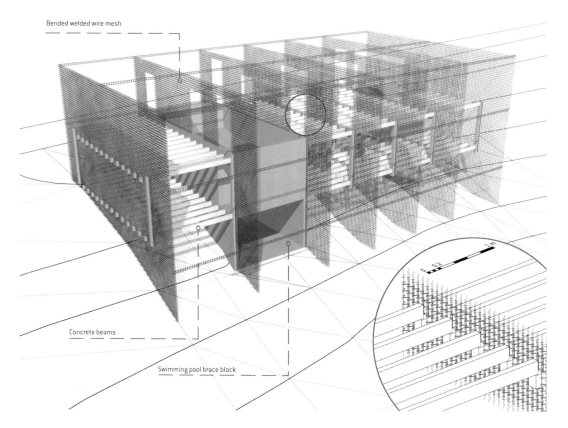

Bended welded wire mesh

Concrete beams

Swimming pool brace block

Perspective of the structure

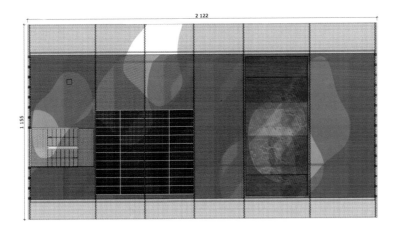

Roof plan

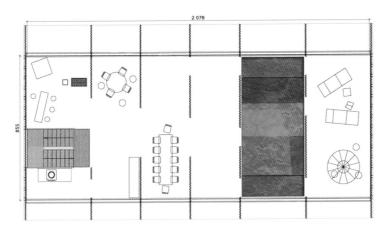

Second floor plan

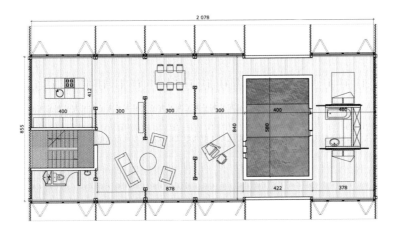

First floor plan

Illustrations of the different views from inside

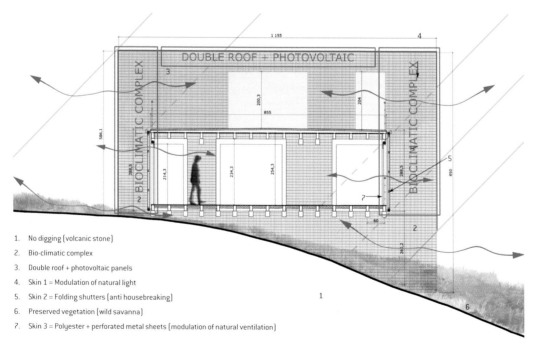

DOUBLE ROOF + PHOTOVOLTAIC

BIOCLIMATIC COMPLEX

BIOCLIMATIC COMPLEX

1 155

1. No digging (volcanic stone)
2. Bio-climatic complex
3. Double roof + photovoltaic panels
4. Skin 1 = Modulation of natural light
5. Skin 2 = Folding shutters (anti housebreaking)
6. Preserved vegetation (wild savanna)
7. Skin 3 = Polyester + perforated metal sheets (modulation of natural ventilation)

Bio-climatic diagram and placement on lot

U+A House

Various

This prototype is designed as a vertical micro-tower blending together industrial design, contemporary art, and fashion. The design addresses the needs of three climates and three different cities: Los Angeles (hot and dry), Vancouver (temperate and wet) and Whistler (continental and snowy).

Der Prototyp ist als senkrechter Mini-Turm gestaltet, in dem sich industrielles Design, zeitgenössische Kunst und Mode mischen. Das Design wurde für drei Klimazonen und drei verschiedene Städte konzipiert: Los Angeles (heiß und trocken), Vancouver (mild und feucht) und Whistler (kontinental und verschneit).

Le prototype est conçu comme une micro tour verticale où se conjuguent design industriel, art contemporain et mode. Le design a été conçu pour trois climats et trois villes différentes : Los Angeles (chaud et sec), Vancouver (tempéré et humide) et Whistler (continental et neigeux).

Het prototype is bedacht als een verticale microtoren, waarin industrieel design, hedendaagse kunst en mode met elkaar worden gecombineerd. Het ontwerp is bedoeld voor drie klimaten en drie verschillende steden: Los Angeles (warm en droog), Vancouver (gematigd en vochtig) en Whistler (continentaal en besneeuwd).

 Neil M. Denari Architects
www.nmda-inc.com
© Neil M. Denari Architects

 Aluminum and glass / Aluminium et verre / Aluminium und Glas / Aluminium en glas

 Bio-climatic design, minimized environmental impact, photovoltaic panels, and rainwater collection system / Conception bioclimatique, impact environnemental réduit, panneaux photovoltaïques et système de collecte des eaux de pluie / Bioklimatisches Design, minimale Umweltauswirkung, photovoltaische Paneele und Sammelsystem für Regenwasser / Bioklimatologisch ontwerp, minimale impact op het milieu, zonnepanelen en opvangsysteem voor regenwater

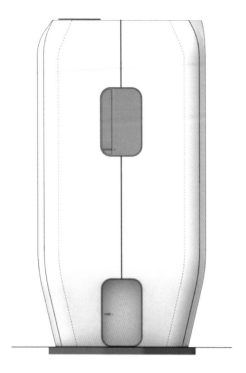

Elevation 1

Elevation 2

Assembly sequence

The vertical micro-tower has a square floor plan covering 280 ft² with rounded corners and a maximum height set at 30 ft.

Der Mini-Turm bildet ein quadratisches Erdgeschoss von 26 m² Größe mit abgerundeten Ecken und einer auf 9,14 m festgelegten maximalen Höhe.

La micro tour verticale présente une surface carrée de 2 m² avec des angles arrondis et une hauteur maximum fixée à 9,14 m.

De verticale microtoren heeft een vierkante vorm met ronde hoeken, een oppervlakte van 26 m² en een maximale hoogte van 9,14 m.

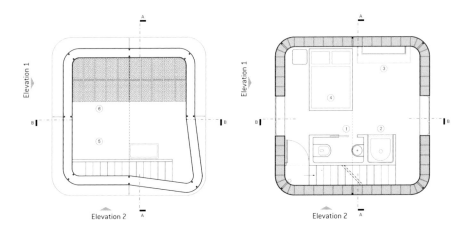

Covered roof plan / third floor

1. Restroom
2. Shower
3. Closet
4. Bedroom
5. Deck on the roof
6. Photovoltaic solar panels

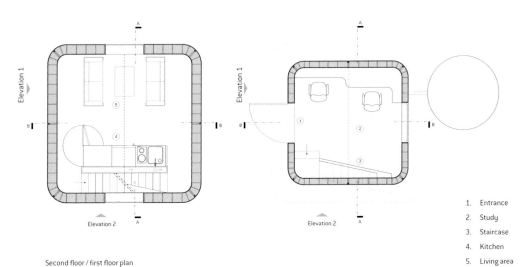

Second floor / first floor plan

1. Entrance
2. Study
3. Staircase
4. Kitchen
5. Living area

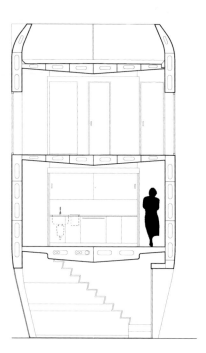

Section A-A'

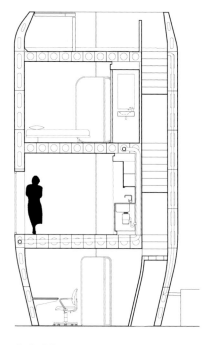

Section B-B'